Bilingualer Roman zum Spanisch lernen für Anfänger

el amor verdadero

Lucía Lange García

1. Auflage

2021

FÜR MARESA

Lieber Leser, liebe Leserin,

mit diesem Brief vorab möchte ich euch gerne ein paar Informationen zu den Hintergründen, dem Romankonzept sowie den damit verbundenen Vorteilen beim Sprachenlernen zur Verfügung stellen.

Die Inspiration für diesen bilingualen Liebesroman stammt von der Idee, die auf www.bilingual-novels.com dargelegt wird. Das Bilingual-Novels-Konzept basiert auf dem Gedanken, den Fremdsprachenerwerb durch eine intuitive Verbindung von Bildung und Unterhaltung zu ermöglichen.

Weiterführende Details dazu findest du auch am Ende des Romans sowie auf der Website.

Ohne an dieser Stelle in aller Tiefe auf das einzugehen, was ich im Rahmen der Ausarbeitung dieses Buches lernen durfte, möchte ich zumindest ein paar meiner **Erkenntnisse zum Sprachenlernen** mit euch teilen:

- Der Storytelling-Ansatz/Vokabeln im Kontext erlernen ist nachhaltiger als das stumpfe Auswendiglernen von Vokabeln. Das Erleben und das Berichten davon soll sogar noch zielführender sein.

- Mit Spaß, Interesse und Neugierde fällt allen das Lernen leichter.

- Der große Unterschied zwischen Kindern, die eine zweite Sprache erlernen, und Erwachsenen, die eine zweite Sprache erlernen, ist die Art des Lernens: Ein Kind nutzt sowohl die emotionalen als auch die rationalen Areale im Gehirn, während ein Erwachsener durch das typische Auswendiglernen von Vokabeln und Grammatikstrukturen hauptsächlich die rationalen Gehirnareale verwendet.

  Hinzu kommt, dass das Gehirn eines Kindes aktiver ist und somit grundsätzlich schneller lernen kann als das eines Erwachsenen.

- An verschiedenen Stellen wird auch davon geschrieben, dass das Sprachenlernen im Erwachsenenalter stark von dem Zustand der Synpasen abhängt. Die Synapsen, die sich aufgrund des Sprachenlernens in der Kindheit entwickelt haben, werden ohne Übung im Laufe der Jahre abgebaut oder dank Übung erhalten.

Diese Entwicklung mündet in Unterschieden beim Lernfortschritt im Erwachsenenalter.

Aufgrund dieser Erkenntnisse zum Thema Sprachenlernen habe ich den bilingualen Roman durch die folgenden **Merkmale für ein nutzenstiftendes und unterhaltsames Sprachenlern-Erlebnis** verfeinert:

- OPOL-Ansatz: Entsprechend einer Methodik aus der bilingualen Erziehung folgt auch das Buch dem Prinzip „One Person One Language" (OPOL). Daraus ergibt sich, dass die Dialoge der Protagonistin mit deutschen Charakteren nur in Deutsch und die Dialoge mit spanischen Charakteren nur in Spanisch stattfinden.

- Code-Switching: Trotz vieler Definitionsdiskussionen zu diesem Begriff in der Linguistik interpretiere ich diesen Ausdruck an dieser Stelle als „Sprachenwechsel". Dieses Phänomen ist meiner Einschätzung nach vor allem zu Beginn des Erlernens einer neuen Fremdsprache vollkommen natürlich. So wie in der Realität denkt man anfangs selbst in seiner Muttersprache und wechselt in Konversationen mit Fremdsprachlern in die entsprechende Fremdsprache. Oder man unterhält sich mit einem gleichsprachigen Reisepartner und stellt einer fremdsprachigen Person eine Frage in der Fremdsprache. Genau solche Situationen werden in diesem bilingualen Buch genutzt, um Realitätsnähe und Verständlichkeit herzustellen.

- Steigender Schwierigkeitsgrad: Wie aus der Lerntherapie bekannt, wird die Fremdsprache auch im Buch schrittweise verstärkt in den Text integriert, um langsam aber sicher zu lernen, mit mehr Komplexität umzugehen. Während am Anfang viel Kontextbeschreibung für einen roten Faden sorgt, setzt sich das Buch im Laufe der Zeit zunehmend aus spanischsprachigen Dialogen zusammen.

- Sprachniveau nach dem Europäischen Referenzrahmen: Weil Sprachprüfungen in der Regel auf Basis des Sprachniveaus nach dem Europäischen Referenzrahmen aufgestellt werden, war mein Anspruch an das Buch, dass es sich auf ein Sprachniveau fokussiert. Ich habe mich für das Niveau A2 entschieden, weil es ein passendes Niveau darstellt, um etwas Abstand von den typischen Grammatikübungen zu bekommen und um sich auf die Verbesserung des Wortschatzes sowie den Spaß, den die Sprache bietet, zu konzentrieren. Diese Eingrenzung ermöglicht dabei zahlreiche Vorteile:

- o Eine Selbsteinschätzung des eigenen Sprachniveaus im Hinblick auf das Vokabular ist möglich.
- o Keine Über- oder Unterforderung hält die Motivation hoch.
- o Übung von typischen Konversationen zu den auf dem Niveau behandelten Themen wie das Einkaufen, das Essen, die Kleidung, die Wegbeschreibung, die Familie etc.

- Forderung und Förderung: In diesem Buch ist zwar das Vokabular insbesondere auf das A2 Niveau fokussiert, doch gibt es grammatikalisch einige Konstruktionen, die über das Niveau hinausgehen. Das kann zunächst herausfordernd sein, doch aufgrund des leicht verständlichen Vokabulars sollte der Inhalt klar sein – so wie es beim Reisen beispielsweise auch wäre. Somit sollte trotz einiger Unbekanntheiten ein Erfolgserlebnis hervorgerufen werden.

- Vokabelübersicht: Am Ende des Buches gibt es eine Vokabelübersicht in alphabetischer Reihenfolge. Darin sind alle auf A2 Niveau behandelten Vokabeln aufgeführt, welche im Buch verwendet wurden. So können gelesene Wörter kurzerhand nachgeschlagen und wiederholt werden, ohne dass sie den Lesefluss unterbrechen.

- Platz für Notizen: Bei den fremdsprachigen Dialogen gibt es ausreichend Platz für Notizen. Auf diese Weise kann sich jeder Leser individuell Erklärungen oder Übersetzungen zu den spanischen Wörtern machen.

Diese Merkmale führen dabei zu **allerlei Vorteilen**:

- Vereinbarung von „Education" und „Entertainment"
- Intuitives Vokabellernen wie auf Reisen
- Entwicklung eines Gefühls für den Gebrauch der Fremdsprache
- Förderung des Kulturbewusstseins

- Aufrechterhalten des roten Fadens
- Mehr Erfolgserlebnisse aufgrund der leichten Verständlichkeit
- **Übung, Übung, Übung**

Übung – das ist das wichtigste Stichwort an dieser Stelle. Übung ist so wichtig und gerade in Zeiten wie diesen etwas herausfordernd. Daher möchte ich all meine gleichgesinnten Sprachliebhaber, die gerne wieder ihre abenteuerlustigen Taschen packen möchten, vom Fernweh getrieben beim nächsten internationalen Flughafen abheben möchten, in den belebten Hostels dieser Welt Zuhause sein möchten, Neues, Unbekanntes, Verrücktes erleben möchten und/oder einfach nur Zeit mit den lieben entfernten Freunden aus anderen Ländern verbringen möchten; euch allen möchte ich diesen zweisprachigen Liebesroman zur Verfügung stellen.

Im Gegenzug wäre ich sehr dankbar, von euch zu hören! Wie gefällt euch die Idee, das Konzept, meine Umsetzung? Ich würde mich sehr über Feedback auf der Website (www.bilingual-novels.com) freuen.

In diesem Sinne hoffe ich, dass ihr viel Spaß und einen spürbaren Lernerfolg mithilfe dieses bilingualen Liebesromans habt!

Eure Autorin

1

Anna liebt das Reisen. Sie liebt die Sprachen und das Kennenlernen neuer Menschen. Sie liebt das aufregende Fremde, das wilde Verrückte und das mysteriöse Unbekannte. Deswegen ist ihr liebstes Hobby das Backpacken. Wann immer sie kann, lockt es sie in Hostels.

Trotzdem ist sie nach den zahlreichen Abenteuern im Studium in ihre Heimatstadt zurückgekehrt und hat sich so, wie ihre Eltern es ihr vorgelebt haben, mit dem bodenständigen Paul verlobt. Sie ist zufrieden mit ihrem Leben. Sie arbeitet in einem Übersetzungsbüro, ist fleißig und schmiedet mit ihrer Kindergartenfreundin Marie immer wieder die nächsten Ausflüge. Marie lebt in einem Nachbardorf und ist in einer ähnlichen Situation. Sie arbeitet als Graphikerin in einem lokalen Industrieunternehmen und ist für ihr Leben gerne mit Anna unterwegs. Allerdings ist sie frisch getrennt und auf der Suche nach Ablenkung. Deswegen haben die beide die Idee: Sie reisen zum St. Patricks Day nach Irland.

Als sie wieder nach Hause kommen, ist zunächst alles wieder beim Alten…

"Hi Schatz!", ruft Paul, als Anna zur Tür hereinkommt. Er kommt mit Mehl an den Fingern in den Flur und küsst sie. "Wie war das Wochenende in Irland?" "Uff.. fantastisch! Ich bin aber auch so fertig, wir haben kaum geschlafen!" erwidert Anna und löst ihren Rucksack vom Rücken. Paul läuft zurück in die Küche, um den Pizzateig weiter auszurollen. "Das klingt doch nach einem erfolgreichen Wochenende", sagt er. "Und wie geht es Marie? Konntest du sie auf andere Gedanken bringen?" "Ja, ich denke schon. Sie war ziemlich froh, etwas anderes zu sehen. Vor allem andere Männer und andere Komplimente.", schmunzelt Anna. "Torben muss sie wirklich verletzt haben. Ich meine, was für ein doofer Typ! Marie ist einfach unglaublich cool! Wie kann man sie betrügen? Ich verstehe das nicht." Paul klopft das Mehl von seinen Händen und fasst Anna liebevoll um die Taille. "Lass uns sowas bitte niemals machen." "Nein, niemals.", stimmt Anna zu, hält seine Wangen zwischen ihren Händen und küsst ihn sanft. "Du, ich kümmere mich mal um meine Wäsche, ja? Ich muss die Bier durchtränkten Klamotten unbedingt waschen. Die stinken schon aus meinem Rucksack. Die Pizza dauert ja sicherlich noch einen Moment, richtig?" "Ja, klar. Mach du ruhig in Ruhe."

Anna läuft zur Waschmaschine und lässt das Wochenende revue passieren. Trotz Bier- und Schnapsflecken auf ihren Shirts war sie sehr glücklich, dass sie unter vielen internationalen Leuten war. Endlich konnte sie mal wieder Englisch sprechen und sich vom irischen Humor amüsieren lassen.

Marie und Anna sind am Donnerstagabend losgeflogen, um am Freitag, dem St. Patricks Day, in Dublin zu sein. Ihr Hostel war ganz kuschelig und schon voller Menschen, als sie ankamen. Das Mädchen an der Rezeption, eine quirlige Britin mit tiefem Ausschnitt, bereitete die Zimmerkarten vor und führte die beiden zu ihrem Schlafsaal. Anna und Marie wählten meistens die Schlafsäle, weil man so am besten in Kontakt mit anderen Backpackern treten konnte. Dort angekommen, richteten sie sich kurz ein und begrüßten ihre Zimmergenossen. Es gab dort ein alternativ wirkendes Pärchen, eine

Amerikanerin sowie drei muskulöse Jungs in Tanktop aus Nordengland. Alle waren so wie Marie und Anna für den St. Patricks Day dort. Dementsprechend war auch schnell klar, dass sie sich später alle an der Bar wieder treffen würden. Denn dort fing am Abend ein Pub Crawl für die Hostel-Bewohner an.

Marie und Anna wollten vorab noch etwas Zeit zu zweit verbringen. Daher zogen sie sich schnell um und suchten sich ein süßes Restaurant in der Nähe des Hostels. Sie setzen sich und bestellten. Marie nahm Annas Hand und bedankte sich, dass sie zwei das Wochenende zusammen verbringen konnten. Das war wirklich süß und zeigte Anna nochmal, wie viel es Marie bedeutete, dass sie einander hatten. Anna erinnert sich, wie sie knapp zwei Stunden im Restaurant saßen und über die Beziehung mit Maries Ex-Freund Torben sprachen. Sie sprachen darüber, wie Marie die ersten Anzeichen gesehen hatte, aber nicht realisieren konnte, dass er sich mit einer anderen traf. Dann entdeckte sie die Quittungen, die Weinflaschen, aus denen sie nicht getrunken hatte, die Distanz zwischen ihnen und dann seine Mails. Sie konnte ihren Augen nicht trauen und stellte ihn zur Rede. Sie hatten einen großen Streit, aber für Marie war klar, nichts würde hier wieder so werden, wie es vorher war. Eine zweite Chance gab sie ihm nicht. Sie konnte ihm nicht vertrauen und entschloss sich dazu, die Beziehung aufzugeben. Nur schwer konnte sie sich mit der neuen Situation anfreunden. Sie konzentrierte sich auf ihre Arbeit, auf den Sport, auf sich. Sie versuchte sich abzulenken. Und dann nun auch mit dem Wochenende mit Anna.

Die zwei gönnten sich einen Nachtisch und versprachen sich, das Wochenende über nur im "Hier und Jetzt" zu sein und die Zeit zusammen zu genießen. Ganz nach diesem Motto gingen sie in den nächsten Supermarkt und suchten sich einen Weißwein für den Abend aus. Auf dem Weg zum Hostel öffneten sie ihn bereits und tranken ein paar Schlücke. Währenddessen kicherten sie und erinnerten sich an die verrückten Hostel-Nächte, die sie im Studium erlebt hatten.

Zurück im Hostel begann der feuchtfröhliche Abend. Anna und Marie lernten die anderen Backpacker besser kennen und zogen nach diversen Trinkspielen auf, um die typisch irischen Pubs zu testen. In einem wurde Karaoke angeboten. In dem nächsten war es so überfüllt, dass die Gruppe schneller als geplant zum nächsten weiterzog. Im dritten gab es eine größere Tanzfläche und eine Live-Band. Insgesamt war es ein lustiger Abend. Am nächsten Tag zogen Anna und Marie die typisch grünen Hüte auf und sahen sich die klassische St. Patrick's Day Parade in der Dubliner Innenstadt an. Die zwei Freundinnen waren schon gut angetrunken, als ein Fernsehteam auf sie zukam und sie interviewen wollte. Die zwei waren ganz entzückt und wackelten Arm in Arm vor die Kamera. Natürlich drehten sich die Fragen um den St. Patrick's Day. Anna stellte die zwei vor, erklärte in ein paar Sätzen, wie die beiden dazu kamen, den Backpacking-Trip zu planen, und Marie beendete die Antworten mit ihren Einschätzungen dazu, wie es sich anfühlt, an dem weltbekannten St. Patrick's Day im Herzen von Dublin zu sein. Zum Abschluss stießen sie mit ihren Gläsern voller Guinness an und liefen weiter. Auf den Straßen von Dublin trafen die zwei Freundinnen auf viele Nationalitäten. Sie unterhielten sich ganz ausgelassen und lachten herzlich viel. Sie genossen die Zeit. Genau das spürten sie auch am Samstag Vormittag. Beiden spürten den gestrigen Tag tief in den Knochen und tranken ein Glas Wasser nach dem nächsten. Marie und Anna lagen im gleichen Bett und quälten sich zusammen durch den Kater-Morgen. Sie kuschelten und amüsierten sich über den Vortag. Marie hatte einen Engländer kennen gelernt, mit dem sie viel geflirtet hat. Und Anna hatte mit einem Schweden beim Kickern gegen einige andere Teams gewonnen.

Nachmittags wagten sie sich nach draußen, um den Flug nach Irland auch noch für etwas Sightseeing zu nutzen. Sie liefen durch die noch ganz chaotisch aussehende Innenstadt und fuhren später mit einigen Sandwiches zu einem ruhigeren Strand. Dort genossen sie die wohltuende Seeluft und spazierten in den Sonnenuntergang. Am Sonntag ging ihr Flug zurück nach Deutschland.

Nach dem Wäsche waschen aßen Anna und Paul gemeinsam Pizza. Sie unterhielten sich über die nächste Woche. Paul musste ab Mittwoch für einen Business-Trip nach New York. Also blieb den beiden nur wenig Zeit zusammen. Deswegen nutzen die beiden den Sonntagabend für sich und ließen alles ganz langsam und romantisch angehen. Es war schön und gemütlich, dachte sich Anna. Sie liebte Paul und er sie. Sie dachte daran, wie gut sie es eigentlich hatte und wie komfortabel und gewöhnlich ihr Leben geworden war. Manchmal war sie sich nicht sicher, ob das ihr Ziel im Leben war oder ob das nicht die Stimme ihrer Mutter in ihr gewesen war. Sie konnte es schlecht beurteilen. Sie fühlte sich wohl und genoss den schönen Abend.

Zwei Tage später packte Paul seinen Koffer und verabschiedete sich abends von Anna, um nach Amerika zu fliegen.

Und dann kam der Freitag.

2

Anna öffnet ihren Mail-Account und findet eine ungelesene Nachricht. Sie wundert sich, sie kennt den Absender nicht. Sie öffnet die Mail und erblickt einen langen Text.

Ihr schreibt Nino. Der Nino aus Valencia. Er hat das Interview aus Dublin im Fernsehen gesehen und Anna wiedererkannt. Damit hätte sie im Leben nicht gerechnet. Aber sie erinnert sich gern an ihn und ihre Zeit in Spanien.

Sie war dort eigentlich nur zufällig. Eine Schulfreundin hatte Anna auf die Idee gebracht, nach dem Abitur ins Ausland zu gehen. Anna wusste zu der Zeit noch nicht, ob es ihr gefallen würde. Sie wollte es daher nur bis zum Beginn ihres Studiums probieren. So zog sie mit Sack und Pack als Au-Pair in das Haus einer spanischen Familie. Sie betreute zwei Kinder, Paco und María. Paco war sieben Jahre alt und María vier Jahre. Weil die beiden Deutsch lernen sollten, hat Anna mit ihnen auf Deutsch gesprochen und sie bei den Hausaufgaben unterstützt. Das kam ihr auch ganz recht, denn zu der Zeit konnte sie kein Wort Spanisch sprechen.

Die Gastfamilie wohnte in einem Häuser-Komplex, in dem sich mehrere Familien einen Pool teilten. An einem sonnigen Nachmittag war Anna mit den zwei Kinder an diesem Pool. Sie cremte die Kinder ein, sie gingen schwimmen, spielten im Pool und aßen, wenn sie hungrig waren. Natürlich waren auch andere Leute in der Poolanlage. Manche sonnten sich, manchen passten so wie Anna auf ein paar Kinder auf. Gelegentlich blieb Anna auch einfach auf ihrem Handtuch liegen und ließ die Kinder mit anderen Kindern spielen. Dann sah sich Anna auch die anderen Leute auf ihren Handtüchern an. In einem solchen Moment kam ein Junge zum Pool, um etwas an den Filteranlagen zu checken. Anna sah sich diesen Jungen genau an. Er war gut gebaut. Ein typisch spanischer Typ: Dunkle Haare, dunkle Augen. Er sah gut aus. Und er hatte wahrscheinlich mitgekriegt, dass Anna ihn ansah. Denn er blickte zu ihr herüber. Sie war peinlich berührt. Er lächelte sie an und ging wieder zurück durch die Pforte, durch die er vor Sekunden erst zur Poolanlage gekommen war.

Ein paar Tage später sah sie ihn wieder auf der Anlage. Er lag auf seinem Handtuch auf der anderen Seite des Pools und las ein Buch. Anna sah ihn wieder an. Er sah wirklich gut aus, aber sie war zu schüchtern, um ihn anzusprechen. Das übernahmen andere. Es gab eine Gruppe Jugendlicher, die nicht weit von ihm entfernt saßen und sich unterhielten. Die Gruppe involvierte ihn wenig später und schon war er umgeben von den kichernden Mädchen.

Wie jeden Sonntag ging die Gastfamilie mit Anna und den Kindern zum Strand. Normalerweise hätten sie ihr Essen mitgebracht und direkt zwischen den Sandburgen zu Abend gegessen. Dieses Mal war es aber anders. Sie gingen in das lokale Restaurant, damit Anna die leckeren Spezialitäten vor Ort probieren konnte. Die Kellnerin kam zügig zu unserem Tisch, sie kannte ihre Gastfamilie offensichtlich und begrüßte sie freudestrahlend:

„Hola, ¿cómo estáis? ¡Hacía mucho tiempo que no nos veíamos, Carmen!"

Carmen hieß Annas Gastmutter.

„Todo está muy bien, gracias. ¿Cómo estás tú? Qué bueno volver a verte."

„Yo también estoy bien y, como puedes ver, hoy hay mucha gente en el restaurante. También me alegra ver eso. ¿Quién es la chica tan bonita que está a tu lado?"

„Estaba a punto de presentártela. Esta es Anna. Ella es de Alemania y ayuda a nuestros hijos con el alemán. Realmente quería que probara tu fideuà."

„Sí, es una buena elección. Acabamos de recibir un lote fresco. Tengo que aprovechar esta oportunidad para presentarte a Nino. También está aquí hoy. Tal vez queráis conoceros."

„¡Eso suena bien!"

Die Kellnerin, die übrigens gleichzeitig auch die Besitzerin des Restaurants am Strand war, kehrte um, um ihren Sohn zu dem Tisch mit Anna und Carmen zu holen. Anna erkannte ihn. Es war der attraktive Junge von der Poolanlage. Er sah Anna an und erkannte sie auch direkt. Anna lächelte schüchtern.

„Hola, ya nos conocemos."

begann er selbstbewusst.

„Soy Nino, me alegro de verte de nuevo."

„Hola."

sagte Anna noch etwas zurückhaltend,

„Me llamo Anna."

So haben sie sich also zum ersten Mal gesprochen.

Einige Tage später sprach Nino sie am Pool nochmal an. Die beiden kamen ins Gespräch und verstanden sich gut, sodass sie sich einige Male während des Sommers verabredeten, bevor Anna wieder nach Hause fliegen musste. Im Grunde erlebte Anna mit ihm auch ihr erstes richtiges Date.

Er holte sie mit dem Geländewagen seiner Familie von dem Haus ihrer Gastfamilie ab und lud sie zu einem Abendessen in einem authentischen Restaurant in der Stadt ein. Sie alberten herum, genossen das Essen und lachten viel. Nach dem Abendessen spazierten sie entlang der Promenade und küssten sich. Als Abschluss kletterten sie über einen Steinwall, der für den Küstenschutz in das Meer hineinebaut war. Sie setzen sich an das Ende. Anna stellte ihre Füße auf einen Felsen und lehnte sich an Nino an. Er saß hinter ihr und machte sie auf den wunderschönen Sternenhimmel aufmerksam. Die Zeit verging wie im Flug. Sie flirteten, küssten sich, berührten einander und genossen den Augenblick.

Dann aber klingelte Ninos Telefon. Seine Mutter sorgte sich, weil er so lange unterwegs war. So endete das Date, aber blieb als bezaubernde Erinnerung in Annas Kopf.

Anna wusste nach dieser Zeit gar nicht, was sie in Ninos Nachricht erwarten konnte. Der Sommer war schließlich einige Jahre her.

Nach den ersten Zeilen sucht sie außerdem erst einmal nach ihrem Wörterbuch. Spanisch hat sie schon lange nicht mehr gesprochen, deswegen muss sie sich einige Worte erst wieder übersetzen. Mit der Hilfe versteht sie den Text aber besser und errötet.

Nino schreibt davon, dass er Anna zufällig im Fernsehen gesehen hätte und vollkommen überrascht war.

„¡Sigues tan guapa como siempre!"

macht er ihr ein Kompliment und fragt, wie es ihr geht. Er vermutet, dass bei Anna sicherlich vieles seit dem Sommer passiert sei. Daher stellt er einige

Fragen und erklärt sich und seine Mail. Ihm ist bewusst, dass Anna jetzt auch überrascht sein muss.

Daher erzählt er auch von seinem Leben. Er arbeitet noch immer für das Restaurant seiner Eltern. Sein Vater wird älter und braucht immer mehr Unterstützung, sodass Nino mittlerweile das Büro operativ leitet und für neue Rezepte und Inspiration gelegentlich auf Reisen geht. Er liebt das Restaurant, den Strand und das Meer noch genauso sehr wie früher.

Er berichtet auch von Annas ehemaliger Gastfamilie. Sie sei im letzten Jahr umgezogen. Dafür wäre eine neue, junge Familie in das Haus gezogen. Die Familie hat genauso wie Annas Gastfamilie einen Jungen sowie ein kleines Mädchen. Er fügt hinzu, dass sich das kleine Mädchen aber im Vergleich zu Annas Aufpasskind auf der Poolanlage bislang immer gut verhalten hätte und zieht Anna mit der Aussage auf, dass es vielleicht ein besseres Au-Pair gehabt hat. Er schreibt es so, dass Anna erkennt, dass er es nicht böse meint.

Mit dem Satz bezieht er sich auf eine Situation bei einem ihrer ersten Unterhaltungen am Pool. Da hatte es die kleine María nicht mehr zur Toilette geschafft und im Kinderbecken einen Haufen hinterlassen. Anna hatte sich vor Nino so sehr geschämt und war überfordert. Nino hat sich amüsiert und ihr letztlich geholfen.

Anna muss bei den Gedanken an die Nachmittage am Pool schmunzeln und merkt, wie anders sie damals noch war. Sie war so jung, so unerfahren und schüchtern.

Sie freut sich aber darüber, dass Nino ihr geschrieben hat. Es war eine schöne Zeit mit ihm. Gleichzeitig stellt sie sich viele Fragen. Wie lebt er heute? Wie sieht er aus? Ist er immer noch so ein Charmeur? Was hat er in den letzten Jahren gemacht? Sie ist fest entschlossen, ihm zu antworten. Doch vorerst klappt sie ihren Laptop zu, geht schlafen und schwelgt in ihren Erinnerungen an diesen Sommer in Spanien.

3

Am Wochenende ruft Anna Paul an "Hi Schatz, wie geht es dir? Wie ist deine Woche bisher?" Paul ist gut gelaunt, aber auch erschöpft: "Wow, die letzten paar Tage waren intensiv, aber wir haben sehr viel bewegen können. Der lange Flug hat sich also definitiv gelohnt. Ich treffe mich später auch noch einmal mit einem Kunden. Wir gehen golfen. Du kannst dir also vorstellen, wie ich mich freue." Paul liebt das Golfen. Anna verbindet Golfen nur mit grauhaarigen Rentnern, aber Paul kann davon gar nicht genug bekommen. "Das klingt gut und freut mich für dich, Paul! Viel Spaß später!" - "Danke, danke - und wie läuft es bei dir? Alles gut Zuhause?" Anna will Paul unbedingt von Ninos Mail erzählen, weiß allerdings noch nicht, wie sie das ansprechen soll. Paul kennt Nino nicht. Er kennt ihn nicht einmal von Erzählungen. Sein Name ist nie in ihren Gesprächen gefallen, der Sommer ist schließlich schon lange her.

"Bei mir auf der Arbeit", beginnt Anna mit einem anderen Thema, "da sind wir gerade in den Vorbereitungen auf das Quartalsmeeting. Ich muss dazu noch einige Übersetzungen abschließen und als Punkte in meine Liste aufnehmen. Ich hoffe, dass sich die Auftragslage bald wieder verbessert. Im Moment kämpfen wir ja förmlich um jeden Auftrag. Ansonsten geht es mir aber gut. Ich habe dir außerdem noch etwas zu berichten."

Anna macht eine kurze Pause. "Und zwar habe ich gestern eine total unerwartete Mail erhalten." Sie hält noch einmal inne. "Du weißt ja, dass Marie und ich letztens in Dublin waren und wir auch von einem Fernsehteam interviewt wurden, ne?" Jetzt unterbricht Paul sie und lacht: "Und jetzt will dir das Fernsehteam eine schöne Gage zuschicken oder was?" Anna lacht und korrigiert ihn "Haha, nein, das wäre ja zu schön. Die Reportage wurde aber auch in anderen Ländern ausgestrahlt und jetzt halte dich fest: Ein Junge von meinem Au-Pair Aufenthalt nach dem Abitur hat mich erkannt und sich bei mir gemeldet." - "Ach Quatsch, was ein Zufall!", ist auch Paul überrascht. "Was schreibt er denn?", erkundigt er sich. "Naja, eigentlich wollte er sich einfach bei mir melden. Er kannte meinen Nachnamen nicht und durch die Einblendung meines Vor- und Nachnamens im Fernsehen konnte er meine Mailadresse online finden. Ganz verrückt." - "Ja, lustig! Du, Anna, ich muss sofort los zum Golfen und mich noch umziehen. Wollen wir morgen noch einmal telefonieren?" - "Natürlich, Schatz", nickt Anna. "Bis dann! Ich liebe dich!" - "Ich dich auch!" Und schon war das Telefonat zuende.

Eigentlich wollte Anna ihm noch ein paar Details wie von dem Date mit Nino in dem Sommer erzählen. Nun stand sie aber noch wie angewurzelt im Wohnzimmer mit dem Handy in der Hand und überlegte, ob sie ihm es vielleicht einfach nicht erzählen sollte. Vielleicht würde das nur unnötigen Wirbel verursachen? Schließlich war das lange her. Sie kannte den heutigen Nino nicht einmal. Vielleicht wäre die Info nur Anlass zur Sorge? Um Paul nicht zu beunruhigen, entschied sie sich letztlich dafür, das Date nicht mehr zu erwähnen. Im Grunde waren Nino und sie ja auch nur Bekannte.

Mit diesen Gedanken im Kopf formulierte sie am Nachmittag eine Antwortmail an Nino. Sie versuchte sich in Spanisch:

„Hola, Nino, ¿cómo estás? Espero que estés bien."

- beginnt Anna und denkt darüber nach, wie klischeehaft ein solcher Einstieg war. Doch sie meinte es ehrlich.

„Tu correo me sorprendió. Pero también me alegró mucho. Me han pasado muchas cosas desde la última vez que nos vimos. Estudié traducción en Heidelberg. Te recomiendo la ciudad a un lado del río hay un viejo castillo, al otro lado hay hermosos senderos para caminar. Justo al lado del río está el centro de la ciudad con muchos bares, restaurantes y cafés. En mi opinión, esa fue la ciudad perfecta para mis estudios. ¿Has estado alguna vez en Alemania en este tiempo?

Recuerdo que querías volar a Múnich para el Oktoberfest en aquel entonces. Lo recuerdo tan bien porque hablamos de prejuicios durante mucho tiempo después. Por cierto, a menudo hablé de eso en mis viajes durante mis estudios. En la mayoría de los casos noté que la gente asocia al típico bávaro con toda Alemania. Espero haber sido capaz de iluminarlos a ellos y a vosotros en ese momento sobre todo acerca del hecho de que hay mucho más que el Oktoberfest en Alemania. Como sabes, puedo hablar mucho de ello.

Definitivamente asocio un hermoso verano con España. Pero las pocas semanas que pasé aquí fueron muy cortas. Casi he olvidado mi español. Por lo tanto, escribo este texto con mi diccionario. Así que espero que puedas leerlo bien.

Durante mis estudios también me especialicé en francés. Eso probablemente hizo mi español un poco peor también. Pero creo que todavía entiendo mucho porque muchas palabras son similares. Me gustaría volver a España. No he estado allí desde hace mucho tiempo. Sin embargo sí estuve en París. También disfruté mucho del tiempo que pasé allí. Siempre estaba viajando con gente de muchos países. Había muchas fiestas y los fines de semana viajábamos a menudo a otras regiones de Francia.

En ese momento también pensé que viviría en el extranjero por un período de tiempo más largo después de mis estudios. Pero después de mi regreso a Heidelberg me enamoré de mi novio, mi actual prometido. Se llama Paul. Nos conocimos en una fiesta de cumpleaños. Viene de un pueblo vecino de la ciudad donde crecí. Por eso fue una decisión rápida volver a casa después de la graduación. Mis padres también tenían un contacto con una agencia de traducción local. Allí pude empezar mi trabajo directamente. Eso fue muy agradable. Durante los primeros meses en nuestro nuevo hogar extrañé la atmósfera internacional de Heidelberg, pero afortunadamente tengo mucho contacto con otros países en mi trabajo. Así que esto es bueno.

Los alrededores también son hermosos. Puedo caminar al lago más cercano en solo cinco minutos. Es perfecto para mí. Tal vez recuerdes cuánto me gustaba la piscina y el mar en España. Desafortunadamente, a diferencia de ti, no tengo mar aquí, pero nado en el lago casi todos los días en verano. ¿Todavía haces kitesurf? Recuerdo que te gustaba.

¿Qué más has estado haciendo estos últimos años? ¿Dónde has ido en tus viajes? ¿Qué más hay de nuevo en tu vida?

Espero con interés tu próximo correo."

Anna klappt den Laptop zu und schaut auf ihre Uhr. Sie hat ziemlich lange an der Mail geschrieben. Sie ist gleichzeitig auch sehr stolz, weil sie endlich mal wieder etwas Spanisches geschrieben hat.

Ein paar Tage später sollte Paul wieder landen. Anna hatte einen freien Tag und holte ihn spontan vom Flughafen ab. Paul freute sich über die Überraschung und stieg bequem ins Auto. "Wow, ich bin geschafft. Die Woche war wirklich anstrengend.", atmete er aus. "Vorgestern kam spontan eine Pitch-Möglichkeit auf, sodass ich in der Nacht zu gestern kaum geschlafen habe. Ich wollte meinen letzten Tag bei dem Kunden aber nochmal nutzen und das Projekt unbedingt bekommen. Deswegen war es die Arbeit an dem Abend wert." "Wie lief die Präsentation gestern denn?", fragte Anna interessiert. "Gut, ich denke ich konnte sie überzeugen." Er lächelte zufrieden. "Jetzt freue ich mich aber erst einmal darauf, Zuhause anzukommen und zu schlafen."

"Das kann ich mir gut vorstellen. Deswegen wollte ich dich auch abholen.", erklärt sich Anna.

Zuhause angekommen kümmert sie sich um das Gepäck und lässt Paul direkt ins Schlafzimmer gehen. Sie macht Wäsche und kocht für beide, damit sie später noch etwas Zeit zusammen verbringen konnten. Später weckt sie ihn, damit er am Abend noch einschlafen kann.

"Hey Schatz, wollen wir zu Abend essen? Ich habe Spaghetti Carbonara gemacht." Paul streckt sich und nickt "Ja, ich komme sofort." Wenig später treffen sie sich in der Küche. "Na, ausgeschlafen?", fragt Anna. "Ja, jetzt geht es mir schon deutlich besser. Danke fürs Kochen." Paul küsst ihr auf die Stirn und setzt sich.

Erst sprechen sie noch etwas über die Arbeit, dann über das nächste Wochenende und dann hat Paul eine Idee: "Ich habe mir überlegt, dass wir zwei mal wieder in den Urlaub fahren könnten. Was hältst du davon?" "Ja, das ist eine super Idee. Das letzte Mal ist ja mittlerweile schon einige Monate her.", realisiert Anna und fährt fort: "Woran hast du denn gedacht?" "An Sonne! Ich könnte uns etwas organisieren?"

schlägt Paul vor. "Klingt gut", freut Anna sich. "Ich kann es schon gar nicht mehr erwarten. Dabei war ich ja letztens erst mit Marie in Dublin." Sie lächelt Paul an und fühlt sich gut.

Anna denkt bei Urlauben meistens an ihre Trips während des Studiums. Sie war mit ihrem Backpack viel unterwegs gewesen. Mal in einer Gruppe, mal auf eigene Faust. Sie liebte die Atmosphäre in Hostels. Sie kam in einem an, lernte einige andere Weltenbummler kennen und schloss schnell innige Tagesfreundschaften, mit denen sie die jeweilige Stadt oder Landschaft erkundete. Das war schön, um die Erlebnisse mit anderen Menschen zu teilen und auch, um neue Leute und ihre Blickwinkel kennen zu lernen. Manchmal stoß sie zwar auch auf solche Backpacker, mit denen sie nicht auf der gleichen Wellenlänge war, doch im Laufe der Zeit konnte sie diese Leute schnell identifizieren und sich dann mehr mit denen umgeben, die so wie sie tickten.

Das Backpacken lehrte sie viele Lektionen. Am Anfang war sie eher schüchtern. Durch das Reisen lernte sie, mutig zu sein, auf Leute zuzugehen. Schließlich war das die einzige Möglichkeit, um bei einer Solo-Reise sozial zu sein. Sie lernte, Leute einzuschätzen, Beziehungen schnell aufzubauen und wurde offener. Die Sprachen eröffneten ihr zuletzt auch die Möglichkeit, mit noch mehr Leuten in Kontakt zu kommen und von noch mehr Leuten zu lernen. Sie faszinierte, wie alle Menschen unabhängig von ihrem kulturellen Hintergrund im Grunde viele Gemeinsamkeiten teilten. Das war in der Realität im Gegensatz zu den theoretischen, kulturwissenschaftlichen Modellen deutlich einfacher und klarer erkennbar. Fast alle Backpacker aus den Hostels vergnügten sich tagsüber an actionreichen Tagestouren und abends fanden sich alle wieder im Gemeinschaftsraum des Hostels wieder. Dort stand "Socializing" hoch im Kurs. Es wurde getrunken, getanzt und gespielt.

Anna liebte solche lebendigen Trips.

Mit Paul war das aber etwas anders. Sie liebte ihn für seine liebe Art, seinen charmanten Charakter, die Harmonie in ihrer Beziehung zueinander. Er war sehr zielstrebig, arbeitete viel und schätzte die Zweisamkeit mit Anna. Außerdem war er in ihrer

Kleinstadt ein beliebtes Gesicht. Annas Eltern mochten ihn.

Bei dem Thema Reisen waren die beiden aber unterschiedlich. Paul ließ es lieber ruhiger angehen, Anna war immer auf der Suche nach dem Leben. Daher war sie gespannt, was Paul für den spontanen Urlaub planen würde.

An einem Abend lüftet Paul seine Pläne. Er hat ein All-Inclusive-Hotel in der Türkei gebucht. Anna ist zunächst etwas enttäuscht, obwohl sie sich schon denken konnte, dass er so eine Art Urlaub wählen würde. Um Anna für sich zu gewinnen, erklärte er ihr, mit welchen Wassersportangeboten das Hotel wirbt. Sie will sich darauf einlassen und freut sich. Sie hat die Hoffnung, dass er sie einige Male begleiten würde.

Sie reisen an einem Donnerstag ab, steigen ins Flugzeug und kommen im wunderschönen Hotel an. Draußen ist es an dem Abend noch angenehm warm, das Zimmer ist klimatisiert und schön hergerichtet. Anna wirft sich in das frisch gemachte Bett. Es ist bequem und duftet herrlich. Sie lacht und läuft zum großen Fenster. Sie verschiebt die

Vorhänge und kann das Meer erblicken. Am Strand sind überall Lichter an und viele Leute unterwegs. Sie schlägt Paul vor, dass sie dort zu Abend essen gehen könnten. Paul nickt.

Beide werfen sich in Schale und spazieren fröhlich Richtung Strand. An der Promenade angekommen suchen sie sich ein gemütliches Restaurant aus und bestellen zum Essen je einen Apéretif. Die Sonne geht im Meer unter, Urlaubsstimmung kommt auf. Anna ist glücklich. Am nächsten Morgen zieht sie die Vorhänge wieder auf und strahlt der Sonne entgegen. Paul und sie starten langsam in den Tag und liegen am Nachmittag am Pool. Gegen Abend informiert sich Anna bei der Rezeption über die Wassersportmöglichkeiten, die Paul ihr vor dem Urlaub angepriesen hatte. Sie bucht eine Stand-Up-Paddeling-Tour für den nächsten Tag. Paul plant einen Pooltag einzulegen.

Der nächste Tag verfliegt und auch der darauffolgende. Am dritten Tag schlägt Anna vor, dass Paul und sie Kayaks ausleihen könnten. Paul hat darauf keine Lust, aber ermutigt Anna, es dennoch zu machen. So leiht sie sich ein Kayak aus und fährt mit einer Gruppe junger Leute von dem Kayak-Verleih zu nahegelegenen Höhlen. Der Ausflug ist super, doch sie spürt auch, wie ihre Blicke immer wieder an den Paaren hängen bleiben, die die Tour gemeinsam machen. Sie findet es schade, dass Paul nicht dabei war.

Nach dem Tag auf dem Wasser kehrt sie zu ihm zurück. Sie legt sich auf das kühle Bett neben ihn. Er war am Tablet und las. Sie schließt kurzzeitig die Augen, um den Moment auf dem Bett zu genießen. Danach holt sie auch ihr Smartphone heraus und sieht, dass sie eine ungelesene Mail in ihrem Postfach hat. Sie ist aufgeregt. Hatte Nino ihr geantwortet? Tatsächlich.

„Hola Anna, ¡me alegro de saber de ti! Estoy muy bien. Todavía me parece completamente irreal que estemos en contacto. La entrevista en televisión fue una coincidencia inesperada."

"Estabas hablando de la noche en que hablamos del Oktoberfest. Lo recuerdo muy bien. Allí estábamos en la playa. Fuimos al restaurante justo antes para tomar un vino de la nevera de mis padres. Pero como ya era muy tarde, activamos el sistema de alarma.

Así que la policía llegó y tú estabas rojísima de la vergüenza. Fue muy divertido."

Anna erinnert sich daran. Ihr war die Situation unheimlich peinlich gewesen. Aber Nino kannte die Polizisten glücklicherweise und sie kannten ihn als Sohn der Restaurantbesitzer. Also war der ausgelöste Alarm nicht ernst genommen worden und nicht einmal an seine Eltern kommuniziert worden. Genau genommen war das Verrückte an der ganzen Geschichte eigentlich, dass sie sich den Wein geklaut haben. Ninos Eltern wussten nicht Bescheid und waren grundsätzlich eher streng, wenn es um das Restaurant ging.

„En realidad he estado en Alemania alguna vez durante este tiempo, pero aún no en el Oktoberfest. ¡Pero aún así lo haré! He estado en Berlín varias veces porque allí hay una feria internacional de frutas y verduras. Así que me gusta inspirarme en las innovaciones para nuestro restaurante."

Pero aparte de eso, todavía no he visto mucho de Alemania.

He estado muy ocupado con el restaurante durante los últimos años. Mis padres y yo estamos planeando usar más la playa. Estábamos pensando en abrir un bar con cócteles y música. Así también podríamos servir a los jóvenes que están en la playa.

Desafortunadamente, el estado de salud de mi padre se ha deteriorado en los últimos años. Me dio mucha pena verlo. También por mi madre. Puedo ver que le está pesando. Por eso empecé a ayudar en el restaurante hace unos años.

"En realidad, había jugado con la idea de crear mi propia escuela de kitesurf. Ya tengo la licencia para enseñar, pero luego la cosa con mi padre se interpuso. En cualquier caso, no quiero renunciar a mi sueño de una escuela de kitesurf. Un día lo haré."

Damit war Annas Frage danach, ob er überhaupt noch kitesurft, definitiv erklärt. Sie wusste nicht, dass er seine eigene Schule eröffnen wollte. Sie war aber überzeugt, dass das gut zu Nino passen würde.

„Escribiste en tu correo que era tu sueño volver al extranjero después de tus estudios. ¿Qué tenías en mente? ¿Querías trabajar como au pair en algún lugar otra vez? ¿O como traductora? ¿O solo querías hacer otra vez un viaje largo?"

Das waren tiefgründige Fragen. Anna hatte wegen der recht bequemen Übergangsphase vom Studium in ihren Job gar nicht mehr so viel darüber nachgedacht.

„Por cierto, felicitaciones por tu compromiso. ¡Eso es genial! Tu prometido debe ser el hombre más afortunado del mundo. Me alegro mucho por ti. Parece que estás viviendo una vida muy madura. Estoy muy impresionado. ¿Ya estás planeando la boda? ¡Eso debe ser emocionante!"

"Actualmente estoy soltero. Mi ex-novia y yo terminamos el año pasado. Simplemente no funcionó. Hubo tantas peleas por cosas innecesarias. Fue muy agotador emocionalmente. Pero la ruptura me abrió los ojos de nuevo y me mostró lo que es importante para mí y lo que no lo es. Así que me alegro de que haya resultado así."

Das findet Anna interessant. Nino kam ihr in der Vergangenheit als eine Art Mann vor, der jedes Mädchen haben konnte. Sie hätte sich auch schon vorstellen können, dass er mit einer bildschönen Frau verheiratet gewesen wäre. Sie ist in jedem Fall überrascht - nicht nur, weil er single ist, sondern auch wegen seiner rationalen Sichtweise bei einem so gefühlsgeladenen Thema wie seiner Beziehung. Sie ist beeindruckt, wie er scheinbar so reflektiert darüber nachdenkt.

„Básicamente la separación también significa que ahora tengo más tiempo para mí y el restaurante. Por ejemplo, estoy muy satisfecho con el proyecto del bar. Seré feliz cuando lo terminemos. También disfruto yendo al mar por la noche sin que nadie me espere en ningún sitio. También me encanta cuando mis amigos y yo nos reunimos por la noche para tomar una cerveza alrededor de la fogata, alguien toca música y hacemos tonterías. ¿Quizás recuerdes la parte de la fogata? También tú lo viviste. De todos modos, eso es pura relajación para mí."

4

Anna schließt ihre Wörterbuch-App sowie ihr Mailprogramm und rollt herüber an Pauls Seite. "Du, Schatz?", schaut sie ihn von ihrem Kissen an. Paul sieht zu ihr und fragt "Ja? Was ist denn?" "Ich habe eben noch einmal eine Mail von meinem ehemaligen Nachbarn aus meiner Au-Pair-Zeit in Spanien bekommen. Du weißt schon. Von dem, der mich letztens im Fernsehinterview in Dublin wiedererkannt hat. Es ist wirklich spannend, zu erfahren, was sich dort seit dem Sommer verändert hat." "Das glaube ich dir, Liebes.", gibt Paul zu verstehen und ist im Begriff sich wieder seinem Buch zuzuwenden.

In diesem Moment fühlt sie sich danach, ihren Entschluss von vor einigen Tagen über Board zu werfen. "Ich muss dir noch etwas erzählen.", fügt Anna hinzu und weckt damit Pauls absolute Aufmerksamkeit. "Okay, was denn?", fragt er etwas beunruhigt und legt das Buch zur Seite. "Naja, ich will ja ehrlich mit dir sein. Deswegen finde ich, sollte ich dir sagen, dass ich mit dem Nachbarsjungen aus Spanien mal ein Date hatte und wir uns geküsst haben. Es ist zwar schon ewig her, ich meine, ich war 18, aber ich will es dir auf jeden Fall sagen. Darüber haben wir bislang nämlich noch nie gesprochen." Paul sieht Anna verwirrt an und sagt langsam fragend: "Hattet ihr Sex?" "Nein, nein.. mein erstes Mal hatte ich doch mit meinem ersten Freund Alex. Das habe ich dir mal erzählt." "Ach, klar, stimmt. Ich erinnere mich." Trotzdem sieht Paul sie noch etwas irritiert an. Anna will ihn beruhigen und erklärt "Ich wollte es dir nur sagen. Eine Weile nach dem Date bin ich auch schon wieder zurück nach Deutschland geflogen. Das heißt, das war alles. Du brauchst dir keine Sorgen machen. Ich wollte nur, dass du das weißt. Und ich möchte auch, dass du weißt, dass ich dich liebe." Paul hebt seine Mundwinkel und rollt näher an Anna heran. Seine Hand fährt durch ihre Haare, er küsst sie und sein Körper bewegt sich weiter zu ihr. "Ich liebe dich auch, Anna." Unbesorgt küsst er sie am Hals.

Am Abend gehen sie nochmals in das Restaurant am Strand, welches sie an ihrem ersten Abend besucht haben. Das Essen dort war sehr gut und die Aussicht hervorragend. Sie sitzen dort und sprechen über die

Schönheit der Gegend und die Leute, die über die Promenade spazieren. Annas Blick fällt auch auf das Meer und erinnert sie an die Kayak-Tour, bei der sie die Paare gesehen hat, die die Touren zusammen unternommen haben.

Sie will den Moment nicht zerstören und spricht es erst einmal nicht an.

Nach dem leckeren Abendessen nehmen die beiden sich vor, noch eine Zeit in den Hotelpool zu gehen. Sie ziehen sich um, nehmen ihre weiß strahlenden Handtücher mit und springen in das noch immer angenehm warme Poolbecken. Sie schwimmen kurzzeitig zusammen über die Anlage, dann dreht Paul um, um auf seiner Liege sein mitgebrachtes Buch zu lesen. Anna schwimmt weiter und legt sich auf eine Sprudelliege. Wenig später folgt ihr ein anderes Paar und legt sich auf die freie Fläche neben ihr. Als der Sprudel aufhört, kommen die drei ins Gespräch. Die zwei heißen Lola und Santiago, sie kommen aus Argentinien und machen eine Europareise. Anna ist verleitet, mal wieder etwas Spanisch zu sprechen und wechselt ins Spanische.

„Hace mucho tiempo que no hablo español, pero ahora es una buena oportunidad para practicar."

sagt sie zur Überraschung der zwei Argentinier. Lola lacht auf.

„No esperaba esto en absoluto."

gibt sie zu.

„Aquí en Europa me parece que todo el mundo habla varios idiomas. Estoy tan impresionada cada vez."

Anna lächelt und stimmt ihr zu

„Sí, aquí, los países más cercanos y los idiomas extranjeros más cercanos no están lejos. Así que a veces es mejor si puedes hablar en un segundo o tercer idioma. También me gusta mucho eso de Europa. Es muy diverso. ¿Dónde has estado en tu viaje hasta ahora? Estás „solamente" viajando por Europa, ¿verdad?"

Lola nickt und Santiago meldet sich zu Wort:

„Exactamente, nosotros „solo" queremos ver Europa."

Bei dem "nur" zieht er seine Hände über die Wasseroberfläche, um das Wort mit seinen Händen in Anführungsstriche zu setzen. Er grinst auf eine sympathische Weise und fährt fort:

„Al principio estábamos en casa de mi tío en el sur de España. Lo visitamos a él y a su familia. Mi tía, la esposa de mi tío, también tiene parientes en Portugal. Para visitarlos también, viajamos todos juntos al segundo país. Después de un mes con la familia, Lola y yo volamos a París. Pero de alguna manera era más barato tomar un vuelo a París vía Londres. Debido a que nuestro avión tuvo un pequeño retraso, tuvimos que apurarnos para cambiar de avión en Londres. Así que fuimos a Inglaterra por un corto tiempo y luego a París, la ciudad del amor."

Anna sieht, wie Lola Santiago verliebt ansieht. Er wendet sich zu ihr und fährt ihr mit der Hand über den Rücken. Die beiden sehen in dem Moment sehr glücklich aus und wieder muss Anna an sich und Paul denken. Sie fühlt sich alleine und ist fast ein wenig neidisch auf das scheinbare Glück der beiden Argentinier.

Im nächsten Moment übernimmt Lola. Sie hebt ihre Hand aus dem Wasser und zeigt Anna einen riesigen Verlobungsring.

„Santiago y yo nos comprometimos en París. No puedo esperar a casarme con él finalmente."

Anna versucht sich für die beiden zu freuen, doch irgendwie scheint sie sich nicht ehrlich zu freuen. In Gedanken ist sie ganz bei Paul. Er ist ein toller Mensch. Er sieht gut aus, ist gut in dem, was er macht, und wäre sicherlich ein klasse Vater. Anna kann ihren Körper mit dem aufkommenden, neidischen Gefühl nicht verstehen. Sie hat mit Paul an ihrer Seite doch alles, was sich die Frauen dieser Welt nur wünschen könnten.

„Eso es genial. ¡Felicidades!"

sagt sie aus Höflichkeit und muss bei der Gratulation an Nino denken. Er hatte ihr zur Verlobung mit Paul das Gleiche geschrieben und danach über seine gescheiterte Beziehung geschrieben. Manchmal entwickeln sich Beziehungen eben doch ganz anders. In dem einen Moment ist vielleicht alles super und die Liebenden bilden eine Einheit. So wie Lola und Santiago. Und in dem nächsten Moment ist alles anders und man ist einfach nur ganz man selbst. So wie es bei Nino oder bei Marie der Fall ist.

Sie denkt an Marie. Sie muss sich unbedingt mal wieder mit ihr treffen. Nach dem Trip nach Dublin haben sie sich nur zum Sport getroffen und sich noch keine Zeit für tiefergehende Gespräche genommen. Marie wollte sich überlegen, wie sie nach der Trennung von ihrem Ex-Freund weitermacht. Das Ende der Beziehung hat ihr Leben ganz schön auf den Kopf gestellt.

Lola und Santiago bedanken sich und erzählen die Geschichte zu ihrer Europareise weiter. Lola schwärmt:

„Sí, fue una época única en París. ¡Simplemente un sueño! Después pasamos unos días en Roma y disfrutamos de la cocina italiana. El vino, la pasta, las pizzas... podría nombrar muchas cosas. La comida era excelente."

Santiago setzt ihren Bericht fort:

„Después de todo ese disfrute, nos sentimos como en una aventura. Miramos un mapa de Europa y pensamos en las cosas emocionantes que queríamos experimentar antes de salir. Nos decidimos por Turquía. Pensamos que aquí, entre Europa y Asia, un mundo completamente distinto podría estar esperándonos."

Anna ist neugierig und fragt, was sie in der Türkei machen wollten und ob sie schon etwas Spannendes erlebt hätten. Lola erklärt begeistert:

„Debes saber que crecí en una granja con caballos. Santiago conoce la granja y ama los animales tanto como yo. Así que pensamos que podría ser mejor experimentar la naturaleza en Turquía a caballo. Por eso queremos viajar al interior del país en unos pocos días y participar en una ruta de varios días, durante la cual cabalgaremos en la naturaleza virgen y acamparemos a lo largo del camino."

Das beeindruckt Anna:

„¡Suena como un plan emocionante! ¿Cuándo y dónde exactamente harás la ruta?"

„Nos vamos pasado mañana. El punto de partida está a unas tres horas en autobús desde aquí. Pero hasta entonces queremos explorar la ciudad un poco más. ¿Cuánto tiempo llevas aquí? ¿Puedes recomendarme algo?"

Anna überlegt. Eigentlich sind sie schon ein paar Tage hier, doch abgesehen von dem Meer, dem Strand, den Restaurants und den Touristen-Shops zwischen Hotelanlage und Promenade hat sie noch nicht viel erkundet.

„Puedo recomendar el tour de kayak desde nuestro hotel. Lo disfruté mucho. El tour te lleva a unas cuevas a las que solo se puede llegar por mar."

sagt Anna schließlich und spielt mit dem Gedanken, das Paar zu fragen, ob sie am nächsten Tag nicht zu viert etwas unternehmen wollen würden. Paul hatte sie dazu natürlich noch nicht gefragt, deswegen entschuldigt sie sich kurz und ruft ihn. Sie macht ihren Verlobten mit Lola und Santiago bekannt und fragt ihn, was er von ihrer Idee hält. Paul ist einverstanden und setzt sich nun auch zu den anderen dreien auf die Sprudelliegen im Pool. Sie wechseln ins Englische und entscheiden gemeinsam, morgen auf einen nahegelegenen Basar zu gehen.

Am nächsten Morgen treffen sich die zwei Paare in der Hotellobby. Die Rezeptionistin gibt den Touristen eine Karte für den Fußweg zum Basar. Als sie die große Markthalle betreten, ist Anna fasziniert. Hinter der industriellen, grauen Außenverkleidung des Gebäudes steckt ein bunter Schauplatz. Es tummeln sich viele Menschen auf den engen Gängen der Stände. Dort kann man sowohl Früchte, Gemüse, Gewürze, Kaffee, Tee als auch Kleidung oder diverses Kunsthandwerk finden. Die Stimmung ist lebendig, man hört Leute verhandeln, lachen, es gibt welche, die am Rand auf kleinen Höckern Gesellschaftsspiele spielen, und dann gibt es die vier Touristen - Anna, Paul, Lola und Santiago.

Die vier mischen sich unter die Menge und spazieren gemütlich durch die Gänge. An einem Bekleidungsgeschäft hält Santiago an und probiert lustige Hüte aus. Lola macht mit und auch Anna folgt ihnen. Santiago zieht Grimassen, albert herum und sieht unter dem ein oder anderen Hut zum Brüllen aus. Lola und Anna lachen sich an. Annas Blick fällt dann auf den Schmuck. Sie sieht sich einige Ketten an und sucht Paul.

Er steht bei handbemalten Schüsseln und fragt Anna, was sie von der einen oder anderen hält. "Diese würde doch gut auf unserem

Wohnzimmertisch aussehen, oder?" "Ja, mir gefällt das Muster! Ich finde auch eine Kombination von verschiedenen Mustern schön.", erwidert Anna. "Oh und Paul, wir könnten unseren Eltern noch welche mitbringen? Deine Mutter mag doch extravagantes Geschirr." "Das ist eine gute Idee!", bestätigt Paul sie und gibt ihr einen Kuss auf die Stirn.

Sie gehen zu den nächsten Geschäften, probieren hin und wieder eine Frucht oder eine der vielen Olivensorten. Irgendwann finden sie in einem kleinen Außenbereich eine Sitzecke. Dort bestellen sie Tee und unterhalten sich.

Sie sprechen über die abenteuerlichen Pläne des argentinischen Pärchens und auch über Annas und Pauls Urlaub. Die beiden haben sich nur eine Woche frei genommen, sodass ihr Rückflug schon in zwei Tagen ansteht. Paul ergänzt, dass er aber sehr zufrieden mit dem spontanen Trip sei. Er genießt die Ruhe, die Sonne und verbringt Zeit mit seiner Anna. Also macht er alles, was er sein Leben lang am liebsten machen würde, sagt er gewitzt.

Anna schmeicheln seine Worte, doch sie verbindet mit ihrem Urlaub nicht besonders viel gemeinsame

Zeit. Sie erinnert sich dabei an das einsame Stand-Up-Paddling, an die Kajak-Tour, bei der sie nur die anderen Paare gesehen hatte. Sie denkt daran, wie sie häufig alleine am Strand war und Paul hauptsächlich beim Hotel lag.

Sie nimmt sich vor, diesen Eindruck später anzusprechen, wenn sie wieder zu zweit im Hotelzimmer sind.

Während des Tee Trinkens auf dem Basar beobachten die zwei Pärchen vier türkische Herren an einem Tisch. Sie spielen ein Gesellschaftsspiel und unterhalten sich lautstark. Sie scheinen sich köstlich zu amüsieren. Die Kellnerin sieht, wie die vier Touristen einen Blick auf die alten Herren geworfen haben. Sie geht zu dem Spieltisch und tauscht einige Sätze auf Türkisch mit den vier Herren aus. Wenig später winken diese in Annas, Pauls, Lolas und Santiagos Richtung. Die vier sind etwas verwirrt. Die Kellnerin geht auf die Touristen zu und ermutigt sie, mal eine Runde "Okey" zu spielen. So heißt das Spiel, welches die Herren an ihrem Tisch spielen. Die vier sehen einander fragend an, bis Santiago ein freudiges "Vamos?!" ausstößt.

Die alten Herren empfangen sie mit herzlichen Gesten. Sie sprechen kaum ein Wort Englisch, aber zeigen den vieren mit einfachen Worten das Spiel. Die Kellnerin unterstützt sie. Einige Kinder kommen auch an den Tisch gerannt und sehen sich die neuen Gesichter an.

Anna genießt den Wirbel und das schöne Miteinander. Sie liebt es, wenn Sprachbarrieren gebrochen werden und man mit Geduld und Spaß neue Geschichten erfährt.

Es stellt sich sogar heraus, dass einer der Herren etwas Deutsch spricht. Er hat früher für längere Zeit zum Arbeiten in Deutschland gelebt. Deswegen übersetzt er ein paar Sprüche seiner Freunde ins Deutsche. Dann übersetzen Anna und Paul es ins Englische, sodass auch Lola und Santiago alles verstehen. Die Argentinier sind ganz angetan von der zufälligen Begegnung und bestellen mehr Tee. Es vergeht Zeit und die vielen Menschenmassen auf dem Basar verschwinden. Die vier Touristen bleiben noch bis zum Abend und vergnügen sich mit den Einheimischen.

Gegen Mitternacht kehren die beiden Pärchen zurück zum Hotel. Lola und Santiago verabschieden sich. Sie müssen morgen noch einige Besorgungen für den mehrtägigen Ausritt erledigen, sodass Anna und Paul sie wahrscheinlich nicht so schnell wiedersehen werden. Sie danken einander für den tollen Ausflug und die schöne Zeit und gehen wieder getrennte Wege.

Anna und Paul laufen Händchen haltend zu ihrem Zimmer. "Was ein toller Abend!", gibt Anna ihren Gefühlen Ausdruck. "Ja, das war wirklich lustig heute!", sagt auch Paul.

Im Zimmer angekommen bereiten die beiden sich für das Bett vor. Anna möchte aber noch ansprechen, was sie in den letzten Tagen festgestellt hat. Sie fühlt sich einsam, obwohl sie zusammen im Urlaub sind. Und das fand sie komisch.

Sie berichtet von den vielen Situationen, in denen sie ohne ihn unterwegs war. Paul hatte ihr häufiger abgesagt, sodass sie auf eigene Faust die Hotelangebote wahrgenommen hat. Er hatte mehr Lust auf das Entspannen und Lesen am Pool. Er mag die Ruhe. Darin sieht er auch den Zweck vom Urlaub machen. Anna findet auch, dass das dazugehört. Das ist für sie ja genauso. Nach einer stressigen Zeit gibt es nichts Besseres als sich in einem ruhigen Urlaub zu entspannen. Aber sie braucht auch Abwechslung. Sie reist auch, um Neues zu erleben.

Jetzt waren die beiden noch nicht häufig zu zweit auf Reisen, deswegen hat Anna weitergedacht. Selbst im Alltag Zuhause ist das eigentlich oft ähnlich. Ihr war das nur noch nie so klar. Wenn sie Zuhause sind, gehen sie entweder ihren eigenen Hobbys nach oder essen zusammen. Essen, sich unterhalten, planen, was auf der Tagesordnung stand, und als Team zu funktionieren - das war wahrscheinlich ihr wesentliches, gemeinsames Hobby. Da muss sie sogar lachen. Er sieht aber ihre Ernsthaftigkeit dabei und fragt, was sie denn erwarten würde.

Sie begegnet, dass sie sich eine Zukunft wie den Tag heute mit ihm wünscht. Sie möchte ihr Leben mit ihm zusammenleben und nicht separat ihre eigenen Abenteuer erleben müssen. Sie möchte eine Familie mit ihm haben, die auch so laut, herzlich und mutig ist, wie sie die freundlichen Einheimischen heute kennen gelernt haben. Sie möchte, dass sie als Paar auch nach den Kindern noch eine aufregende Zeit haben und sich nicht mit ihrem Rentner-Dasein zufriedengeben.

Paul versteht und grübelt kurz. Er schlägt vor, dass sie morgen zusammen an den Strand fahren. Dann können sie beide ins Meer gehen und auch im Sand liegen.

Anna tröstet der Vorschlag. Sie sieht, dass sie ihm wichtig ist.

Am nächsten Morgen geht das Paar, wie geplant, gemeinsam zum Strand. Sie legen ihre Handtücher auf zwei nebeneinanderstehende Liegen und cremen sich gegenseitig ein.

Paul erinnert sich an ihren ersten Urlaub: "Weißt du noch, als wir vor drei Jahren in Südfrankreich waren? Da waren wir den ganzen Tag in Marseille unterwegs und hinterher sah ich aus wie ein roter Krebs." Anna erinnert sich: "Ja, da waren wir abends im Pool und ich dachte zeitweise, dass du ein pinkes T-Shirt tragen würdest, weil der Kontrast zum Sonnenbrand so extrem war." Paul stimmt ihr zu und muss lachen. "Bin ich froh, dass die Schmerzen dann irgendwann vorbei waren." Er drückt noch einmal auf die

Sonnencremetube und setzt für den letzten Wisch an. "Ich hoffe, dass das heute nicht noch einmal passiert." Er legt die Tube zur Seite, küsst Anna liebevoll und legt sich auf seine Liege.

Anna macht das gleiche und muss an ihre erste Begegnung denken.

Paul studierte BWL im Master in Mannheim und sie war im gleichen Mastersemester, nur in einer anderen Disziplin und in einer anderen Stadt, in Heidelberg.

Eine gemeinsame Freundin feierte ihren Geburtstag in Mannheim, sodass Anna auch nach Mannheim fuhr. Normalerweise war sie selten dort gewesen, weil in Heidelberg schließlich auch genügend WG-Partys gestartet wurden. Anna amüsierte sich an dem Abend, sie spielten Beer-Pong und feierten den Geburtstag ihrer Freundin. Im Laufe des Abends kamen sie und Paul in ein Gespräch. Sie stellten recht schnell fest, dass sie aus der gleichen Gegend stammen und waren überrascht. Darauf stießen sie an. Paul war charmant und zuvorkommend, kein Aufreißer. Anna fand ihn sympathisch. Sie tanzten und waren gut gelaunt, sie kamen sich immer näher und knutschten schließlich. Es war lustig. Sie hatten eine gute Zeit. Aber an dem Abend gingen sie beide alleine nach Hause.

Wenige Wochen später trafen sie sich zufällig in einem Auto einer Mitfahrgelegenheit wieder. Sie erkannten einander. Es war ein komisches Gefühl. Als sie betrunken waren, waren sie so intim gewesen und in dem Moment saßen sie dort angeschnallt im Auto und unterhielten sich auf einer ganz alltäglichen Ebene. Sie saßen knapp vier Stunden lang auf der Rückbank einer alten, ausgesessenen Studentenkutsche. Anna spürte, wie sein Blick immer wieder in ihre Richtung ging. Sie fand das süß. Und schließlich fragte er nach ihrer Nummer.

Sie trafen sich sogar noch am gleichen Wochenende und gingen in der Nähe des Sees spazieren, an dem sie nun wohnten. Sie unterhielten sich über Gott und die Welt und entdeckten einige Gemeinsamkeiten.

Und eines Tages lud er sie in seine Wohnung zum Abendessen ein. Er hatte sie sehr geschmackvoll eingerichtet. Einige hübsche Pflanzen züchtete er auf seiner Fensterbank und Kochen konnte er wie ein

Meister. An dem Abend haben sie das erste Mal miteinander geschlafen.

Paul und Anna zechteten die Klausurenphasen gemeinsam durch. In der Hinsicht waren sie auf der gleichen Welle unterwegs. Beide waren sehr ehrgeizig und anspruchsvoll, was ihre eigenen Leistungen anging. Sie erlebten Niederlagen und Erfolge und schließlich den Uniabschluss.

Dann kam der erste große Konflikt.

Anna hatte den Traum, nach dem Studium ins Ausland zu gehen, und Paul hatte ein eindrucksvolles Stellenangebot im Vertrieb eines lokalen Unternehmens erhalten. Sein Onkel war dort in einer leitenden Position und konnte ihm helfen. Anna und Paul diskutierten hin und her, bis Anna sich entschloss, den Traum noch etwas aufzuschieben. Paul eröffnete ihr, dass sie durch seinen Job, die Chance bekommen könnten, als Expats in die USA zu ziehen. Dafür musste er sich zwar erst einmal beweisen, doch er hatte Hoffnung und konnte diese Hoffnung auch bei Anna hervorrufen.

Sie zogen also in ihre Heimat zurück. Anna erhielt eine Stelle in einem Übersetzungsbüro und war froh, dort durch die Fremdsprachen gelegentlich das Gefühl zu haben, im Ausland zu sein. Durch ihre Arbeit lernte sie einige internationale Gesichter kennen und schätzen.

Anna dreht sich um, um auch ihren Rücken zu bräunen. Sie entdeckt zwei bildschöne, junge Frauen, die sich gerade in der Nähe auf zwei freie Liegen setzen und sich voller Emotionen unterhalten. Wie es der Zufall will, sprechen sie Spanisch. Anna grinst in sich hinein. Sie kommt sich immer wie ein Spion vor, wenn sie anderen Leuten zuhört, die nicht wissen können, dass sie – so nordisch wie sie vom Typ her aussieht – Spanisch verstehen würde.

Nach kurzem Zuhören ist ihr klar, worum es geht: Sie sprechen über die Männerwelt.

Die eine erzählt von ihrem Date.

„Fuimos a un restaurante caro, ¿sabes?"

Ihre Freundin nickt anerkennend.

„Y entonces el tipo piensa que puede acostarse conmigo porque está gastando dinero en mí. Esa actitud me tiene muy cabreada."

Die andere nickt wieder und fragt:

„¿Qué hiciste?“

„Le dije lo que pensaba. Es muy simple. Quiero decir, sé que debería haber sido más cortés, eso es probablemente lo que mi madre diría.“

sie lacht dabei.

Anna muss dabei an ihre Mutter denken. Ihre Mutter hätte wahrscheinlich die gleiche Einstellung dazu. Hauptsache, nicht unangenehm auffallen. Warum eigentlich nicht? Was ist daran schlimm, wenn man dadurch ehrlich zu sich selbst ist? Sollte das nicht eigentlich wichtiger sein? Es heißt doch immer, dass man sich erst selbst lieben soll, bevor man sich in jemand anderen verliebt. Dazu gehört doch eigentlich auch, zu sich selbst und zu seinen Gefühlen zu stehen.

„Pero honestamente:“

fährt die Spanierin fort.

„Los hombres nunca entienden la cortesía. O piensan que „no“ significa „tal vez“. Entonces se sienten desafiados. Ya no estoy de humor para esta mierda. ¿Sabes lo que quiero decir?“

Die Freundin nickt erneut:

„Sí, no hace falta que me lo digas. No quiero perder más mi tiempo con casanovas como ese. Esto puede sonar un poco extremo, pero como mujeres tenemos menos tiempo que perder que los hombres. Una vez que queremos ser madres, tenemos un tiempo limitado para decidir."

„Ahora sí que te pareces a nuestro profesor de biología."

gesteht die eine.

„Pero tienes razón."

Die andere nimmt ihren Punkt wieder auf:

„Exactamente. Por eso una vez pensé en el hombre de mis sueños. No sé si mucha gente piensa en algo así. De todos modos, ahora tengo más claro con qué personas quiero pasar el tiempo y con cuáles prefiero no hacerlo. Me gusta pasar tiempo contigo, por ejemplo. Viajamos y experimentamos grandes cosas nuevas. Me río mucho contigo. Lo disfruto."

Ihre Freundin ist gerührt und streckt ihren Arm zur Liege der einen. Sie drücken ihre Hände und lassen einander wieder los.

„¿Alguna vez has pensado en algo así?"

„Después de la cita, tal vez debería."

witzt die eine nachdenklich.

„Hmm... bueno, creo que sé mejor después de un millón de citas lo que no quiero o lo que no creo que sea importante. Bueno, eso es un comienzo, ¿no?"

Anna muss an Nino denken. Er hat auch davon geschrieben, dass er nach der Trennung von seiner Ex-Freundin weiß, was ihm wichtig und was ihm nicht wichtig ist.

Anna dreht sich wieder um. Paul ist unter seinem Buch eingeschlafen. Sie betrachtet ihn liebevoll. Er sieht so lieb, unschuldig und verletzlich aus.

Sie überlegt, ob Paul ihr Traummann ist. Sie fühlt sich komisch, während sie diesen Gedanken aktiv denkt. Als wäre es verboten, das anzuzweifeln. Immerhin sind sie miteinander verlobt. Er war immer für sie da. Ihre Eltern mochten ihn auch. Sie sind ein perfektes Team. Zusammen schaffen sie alles. Sie wohnen in ihrem gemeinsamen Haus. Eigentlich war doch alles perfekt. Viele würden sie beneiden.

5

Am nächsten Tag steht der Abflug nach Deutschland an. Paul und Anna packen ihre Koffer und steigen ins Flugzeug. Sie setzen sich auf ihre Plätze und blicken in die Ferne. Paul hält Annas Hand.

Zuhause wartet der Alltag wieder auf sie. Paul fährt zu seiner Arbeit, Anna zu ihrer. Und an einem der ersten Abende Zuhause klappt Anna ihren Laptop wieder auf, um Nino zu antworten.

„Hola Nino, sí - fue una loca coincidencia que me reconocieras en la televisión! El mundo es un pañuelo.

En cualquier caso, debes avisarme la próxima vez que estés en Berlín para una feria. Y así podemos encontrarnos de nuevo.

Por cierto, la idea del bar suena muy interesante. Estuve en Turquía la semana pasada y también visité un restaurante en la playa unas cuantas veces. Era similar al restaurante de tus padres en un lugar perfecto. Si hubiera habido un bar acogedor en la playa, Paul y yo también habríamos ido. También creo que un bar en la playa atraería a más jóvenes.

Tu sueño de una escuela de kitesurf también suena genial. Me imagino que lo disfrutarías mucho. Si alguna vez necesitas un vigilante para la playa, házmelo saber. Me gustaría ir y ayudar de vez en cuando. Así me acercaría un poco más a mi sueño de pasar más tiempo en el extranjero. Mi prometido y yo ya hemos pensado en vivir en el extranjero por un tiempo como expatriados. Paul está a menudo en América del Norte por negocios. Tal vez tengamos la oportunidad de vivir en los EE.UU. o Canadá algún día. Me encantaría. En cualquier caso, quiero estar en un ambiente internacional y usar mis idiomas en la vida cotidiana. Canadá sería probablemente mi elección favorita por la parte francesa. Pero veamos, primero tenemos que tener la oportunidad.

Gracias por tus felicitaciones, por cierto. Paul y yo no llevamos mucho tiempo comprometidos. Queremos tomarnos con calma la boda. Así que estamos planeando nuestra gran celebración dentro de dos años.

Me impresiona escuchar cómo lidias con la separación y cómo vives tu vida. ¿Sigues saliendo mucho con Jorge y Carlota? Solían caerme muy bien. Las tardes con ellos en la fogata fueron las mejores. Todos excepto la noche en que saltamos sobre el fuego y mis chanclas se prendieron en fuego. Todavía recuerdo la cara de decepción de mi padre anfitrión cuando vio en qué se había convertido mi regalo de cumpleaños. Realmente hicimos muchas cosas estúpidas. ¡Pero siempre fue divertido!"

Anna klappt ihren Laptop wieder zu und denkt an ihre beste Freundin Marie. Die beiden haben sich schon seit einer Weile nicht mehr gesehen. Anna ruft sie kurzerhand an. Die Freundinnen verabreden sich für das Wochenende.

Dann legt sich Anna erst einmal schlafen und geht am nächsten Morgen wie gewohnt zur Arbeit. Im Büro warten auf sie einige neue Texte und Meetings mit ihrem größten französischen Bestandskunden. In dem Unternehmen gibt es ein paar Umstrukturierungen, die auch ihre Zusammenarbeit betreffen könnten. Anna setzt die Situation unter

Stress, weil der Kunde sehr wichtig für das Übersetzungsbüro war. Sie vertraut dabei aber ihrem Chef und ist sicher, dass dieser wie schon so oft eine Lösung für die neuen Probleme bzw. – wie er zu sagen pflegte – „Herausforderungen" finden würde. Mit einem komischen Gefühl fährt sie nach Hause und geht eine Runde im See schwimmen. Sie liebt das Gefühl, auf dem Wasser zu treiben. Das ist so entspannend, erfrischend und lässt sie abends gut einschlafen. Nach der üblichen Runde trocknet sie sich ab und spaziert nach Hause.

Am Wochenende war es dann endlich soweit, dass Anna Marie wiedersieht. Sie verabschiedet sich von Paul, gibt ihm einen Kuss und fährt zu Maries Elternhaus. Seit der Trennung von ihrem Ex-Freund wohnt sie schließlich wieder dort in ihrem ehemaligen Kinderzimmer. Anna klingelt, Marie öffnet ihr die Tür.

„Hi Anna!" Marie umarmt sie. „Wie schön, dich wieder zu sehen." Anna freut sich auch und tritt ein. Sie machen sich einen Tee und setzen sich in ihr Kinderzimmer. „Wie geht es dir, Marie?" Marie erzählt von den verschiedenen Emotionen, die sie seit der Trennung erlebt hat. Es war nicht leicht für sie, ihren Ex-Freund aufzugeben. Sie erzählt, dass sie online viel gelesen und viele Videos gesehen hat. Ein paar Bücher haben ihr dabei besonders geholfen. Marie zieht ein kleines Notizbuch hervor. „Sieh mal, Anna. Ich habe meine Gedanken auch einfach einmal aufgeschrieben."

Sie schlägt ihr Notizbuch auf und zeigt Anna einige Mindmaps und Listen. „Ich habe darüber nachgedacht, was ich gerne mache und in meinem Leben noch ganz viel machen möchte. Ich möchte lachen, ich möchte aktiv sein, ich möchte so viel wie möglich auch mit dir quatschen. Wenn ich dich heiraten könnte und mit dir eine Familie gründen könnte, würde ich dir direkt einen Antrag machen, Anna."

Beide lachen und doch versteht Anna, was Marie ihr sagt. „Das ist süß, Marie. Du bist für mich auch meine absolute Seelenverwandte. Ich bin so froh, dass wir uns haben.

„Worüber hast du noch nachgedacht?" Marie zeigt auf eine Seite in ihrem Notizbuch: „Hier habe ich darüber nachgedacht, welche Werte mir wichtig sind und ich auch bei meine Traumpartner sehen wollen würde. Loyalität zum Beispiel. Ich habe diese Werte je nach Priorität größer oder kleiner geschrieben. Loyalität ist groß und dick geschrieben. Das heißt, das ist mir sehr wichtig. Darauf könnte ich auch bei einem möglichen Partner nicht verzichten. Ordnung hingegen habe ich hier auch aufgeschrieben. Das ist mir auch wichtig. Wenn ich daran denke, wie chaotisch Torben manchmal war. Da habe ich mich fast wie seine Mutter gefühlt. Ich wollte ihm ja auch nicht alles hinterherräumen. Das ist mir also auch wichtig, aber im Vergleich zu Loyalität hat das eine geringe Priorität. Deswegen habe ich das Wort kleiner geschrieben."

Marie macht eine kurze Pause und zeigt auf eine andere Seite in ihrem Notizbuch.

„Außerdem Anna, stell dir mal vor: Du willst später eine Familie gründen. Das ist doch pures Projektmanagement. Damit du deine Kinder so aufziehst und zu so einem Leben verhelfen kannst, das sie lieben, muss man mit seinem Partner doch auch als Team gut funktionieren." Anna nickt. Marie setzt fort: „So, und deswegen habe ich darüber nachgedacht, was ich für dieses Team mitbringe und was ich mir von einem möglichen Partner wünschen würde. Ich weiß, das mag jetzt total zerdacht klingen, aber ich fand es hilfreich und interessant, mich damit auseinander zu setzen."

Marie klappt ihr Notizbuch wieder zu, steht auf und stellt es zurück in ihr Regal, während sie ihre Erkenntnisse zusammenfasst:

„Ich glaube, wenn man als Paar gemeinsame Werte und Interessen hat, dann ist das eine gute, freundschaftliche Basis. Wenn man sich dann körperlich attraktiv findet und sexuell zusammenpasst, ist das eine super Beziehung. Und wenn man dann zusammen eine fordernde und fördernde Partnerschaft aufbauen kann, scheint mir das der perfekte Match für das Leben zu sein."

Anna ist beeindruckt von Maries Gedankengängen und ihrer Selbstreflektion. „Wow, Marie. Ich weiß gar nicht, was ich sagen soll. Ich bin total beeindruckt."

„Ja, ich glaube, dass die Trennung von Torben mir im Endeffekt sogar richtig gut getan hat. Es hat mir die Augen geöffnet und mich dazu gebracht, mich weiterzuentwickeln. Aber jetzt erzähl mal von dir.

Paul und du wart doch jetzt in der Türkei. Wie war es denn?"

Anna erzählt ihr von dem tollen Wetter, dem schönen Restaurant, dem unterhaltsamen Erlebnis auf dem Basar und von Lola und Santiago. Sie berichtet aber auch von ihrer gefühlten Einsamkeit. Paul und sie waren zwar in der Türkei, aber ihr ist aufgefallen, dass sie eigentlich kaum Zeit tatsächlich miteinander verbracht haben. Er hat viel gelesen, sich entspannt und die Sonne genossen. Sie war auf Touren, im Wasser, sie war lieber mit Menschen zusammen und hat sich mit ihnen unterhalten.

Während Anna Marie ihre Erlebnisse und Gedanken beschreibt, muss sie immer wieder auch an Maries Notizbuch denken. Paul und sie funktionierten so gut zusammen und gleichzeitig passten sie auf einer freundschaftlichen Ebene eigentlich überhaupt nicht zusammen. So hat sie noch nie auf ihre Beziehung mit Paul geblickt. Aber sie wollte ihn nicht aufgeben, sie haben sich so viel aufgebaut. Marie realisiert auch, zu welche Gedanken sie Anna gebracht hatte. Marie erklärte abschließend, dass es nicht ihre

Absicht war, Anna dazu zu bewegen, die Beziehung mit Paul anzuzweifeln.

Die beiden Freundinnen kochen zusammen und trinken einen Wein, bis es fast Mitternacht ist.

In der nächsten Woche meldet sich Nino noch einmal. Dieses Mal schickt er ihr einfach nur ein Foto mit ein paar wenigen Zeilen.

„¡Hola Anna! Les dije a Jorge y Carlota que nos volvimos a poner en contacto y que tú preguntaste por ellos. Estaban muy contentos y querían que te diera saludos. También nos hicimos una foto. Espero que aún nos reconozcas."

Auf dem Foto sind Jorge, Carlota und er an der Lagerfeuerstelle. Sie lachen und stoßen mit einem Wein an.

Anna grinst, als sie das Foto sieht. Sie hatte sie alle schon lange nicht mehr gesehen, aber sie erkennt jeden einzelnen von ihnen eindeutig wieder. Damit hatte er ihr bestätigt, dass die vier noch immer enge Freunde waren. Das freut sie für ihn.

Und dann kommt der Tag, an dem sie kein einziges Mal ein richtiges Lächeln in ihr Gesicht bekommen konnte.

6

Sie fährt wie an jedem Morgen ins Übersetzungsbüro. Sie macht sich einen Kaffee und startet den PC. Sie setzt sich auf ihren Platz und blickt auf ihre To-Do-Liste sowie auf ihren Maileingang. Neben einiger bekannter Themen gibt es noch eine ungelesene Mail. Das rote Rufzeichen an der Mail fällt ihr direkt auf. Sie öffnet sie und sieht den Absender: Ihr Chef hat ihr eine Meeting-Einladung mit höchster Dringlichkeit geschickt. Annas Herz rutscht in ihre Hose. Ihr Gefühl sagt ihr, dass das mit dem französischen Großkunden zu tun haben muss, bei dem sie letzte Woche schon ein ungutes Gefühl hatte.

Kurz darauf geht sie in den von ihrem Chef vorgeschlagenen Meeting-Raum. Ihr kommt die Zeit stehengeblieben vor. Er kommt herein und beginnt mit ein paar allgemeinen Floskeln. Er muss Annas Anspannung aber spüren und kommt dann auch ziemlich schnell zum Anlass der spontanen Zusammenkunft. Er erzählt, wie Anna befürchtet hatte, von den Umstrukturierungen des französischen Kundens. Der war bislang immer der umsatzstärkste Kunde für das kleine Übersetzungsbüro gewesen. Doch jetzt will der Kunde zu einer günstigeren Agentur wechseln und das hatte auch Einfluss auf das Büro, in dem Anna arbeitet.

Weil auch auf dem spanischen Markt in letzter Zeit einige Kunden gewechselt sind und die Akquise-Tätigkeiten nach Neukunden dort bereits auf Hochtouren laufen, hat ihr Chef entschieden, dass der französische Markt verkleinert werden soll. Anna fragt, was er damit genau meint. Dabei hat sie schon eine Vorstellung, was nun kommen wird. Er muss sie gezwungenermaßen betriebsbedingt kündigen. Anna fühlt sich benebelt und sitzt ganz perplex auf ihrem Stuhl. Wie konnte es sein, dass ihr Arbeitsplatz an diesem einen Kunden hing? Sie ist fassungslos und sammelt sich kurz, bevor sie versucht, Verständnis zum Ausdruck zu bringen. Ihr Chef schlägt vor, dass sie noch bis zum Ende des letzten Projektes für den französischen Kunden bekommen soll. So hat sie auch die Chance, sich von allen in

Ruhe zu verabschieden. Danach würde er sie bis zum Ende der Kündigungsfrist freistellen.

Anna geht nach dem Gespräch zu ihrem Platz zurück. Sie setzt sich wieder, aber steht noch immer ganz neben sich. Die Kündigung hat sie überrascht. Sie versucht dennoch, den Tag über so normal wie möglich zu arbeiten. Sie mochte ihren Job, ihre Kunden und ihre Kollegen. Und jetzt sollte alles vorbei sein? Und alles von vorne anfangen? Als sie in ihr Auto für die Fahrt nach Hause steigt, kullern ihr die ersten Tränen über die Wangen.

Zuhause legt sie sich direkt ins Bett und ruft Marie an. Später am Abend kommt auch Paul zurück und sieht Anna mit verschmiertem Mascara im Bett. Sie sprechen noch einmal über die Kündigung. Er tröstet sie und schlägt vor, dass sie erst einmal eine Nacht darüber schlafen solle.

Am nächsten Tag ist sie wieder im Büro. Sie arbeitet weiter an ihrem letzten Projekt und plant ihre letzten Tage. Sie spricht es nun auch gegenüber ihren Kollegen an. Eigentlich mag sie das gar nicht wieder und wieder wiederholen, weil es sie traurig stimmt.

Aber sie möchte, dass es jeder von ihr persönlich hört.

Am Wochenende fährt sie dann auch zu ihren Eltern und berichtet ihnen davon. Ihre Eltern sorgen sich und überlegen, wie sie Anna helfen können.

Anna selbst ist aber froh, als sie abends weg von den ganzen Sorgen und Ängsten wieder am See ist und ganz für sich selbst in die Ferne sehen kann. Sie hatte sich vorgenommen, wieder eine Runde zu schwimmen, abzuschalten und nach vorne zu sehen. Sie atmet tief durch und läuft in das frische Nass. Sie trocknet sich wieder ab und spaziert zurück nach Hause. Sie hat das ganze Haus für sich alleine, weil Paul den Nachmittag über auf dem Golfplatz war. Dann klingelt es.

Es ist Marie. Sie kommt spontan mit einem Wein vorbei und will mit ihr darauf anstoßen, dass sie frei sei. Maries Plan ist es, Anna mit in eine belebte Bar zu nehmen. Die Idee gefällt Anna. So ziehen die zwei Freundinnen also los und schwören einander, nicht über die Arbeit zu reden und einfach nur Spaß zu haben. An dem Abend gibt es außerdem eine Live-Band mit entspannter kubanischer Salsa-Musik. Die beiden trinken, tanzen und lachen in der Menschenmenge. Sie genießen die Musik und freuen sich, einander zu haben.

Auf der Toilette kommen sie ins Gespräch mit ein paar Frauen mittleren Alters. Sie kamen aus verschiedenen Gegenden aus Zentralamerika und begleiten die Band, die heute die Musik spielt. Sie unterhalten sich gut und finden einander später wieder beim Tanzen.

„Me encanta la música."

ruft Anna der einen Frau zu.

„¡Yo también! Y también me encanta el hombre que hace la música."

sagt sie gewitzt und mit einem breiten, sympathischen Lächeln.

Draußen treffen Anna und Marie die Frauen wieder bei einer kurzen Tanzpause.

„¿Qué te parece la velada?."

fragt die eine Frau, dessen Mann offenbar in der Liveband spielt.

„Muy bien. La música y la atmósfera son increíbles."

antwortet Anna. Die Frau freut sich:

„Definitivamente le diré eso a mi marido. Ha estado trabajando en su álbum todo el año pasado. Está tan feliz de estar finalmente en el escenario y de compartir su pasión con todo el mundo de la manera que le gusta. Estoy tan orgullosa de él."

„¡Eso es genial! ¡Se puede sentir su entusiasmo! ¿Y viajas con él de concierto en concierto?"

fragt Anna, um auch die Frau kennen zu lernen.

„Exactamente, ese es mi sueño. Solía admirarlo en su antigua banda y solo deseaba poder ir a conciertos para siempre. Y ahora finalmente ha realizado su sueño. Se separó de su antigua banda y ahora hace su propia música. Así que también ha cumplido mi sueño. Las letras son geniales, son muy profundas. Me encanta eso."

Anna sieht die Frau beeindruckt an. Jeder scheint so viel Mut zu haben:

Der Musiker, der endlich seine eigene Musik produziert Marie, die 100% hinter sich selbst steht und sich nicht für andere verbiegen möchte Nino, der sich von seiner Freundin trennt und Ideen für das Restaurant umsetzt und gleichzeitig nicht seinen Traum von der Kitesurfschule aufgeben möchte.

Wo war Annas Mut? Sie ist dem Weg ihres Lebens gefolgt, aber hat sich eigentlich doch nie für ihre Träume entschieden. Sie ist Kompromisse eingegangen, hat den sicheren Weg gewählt.

Aber ist das schlecht? Nein, das glaubt sie nicht. Ihr geht es ja gut. Aber vielleicht könnte sie ihr Leben noch mehr genießen, wenn sie die ein oder andere kurzfristige Unannehmlichkeiten einfach in Kauf nehmen würde? Wer weiß das schon? Sie muss es versuchen. Wenn sie den Musiker ansieht, ist er der lebende Beweis dafür, dass man seine Chancen auch noch später nutzen kann. Also, warum Träume aufgeben oder vor sich herschieben?

Anna sagt sich selbst, dass sie ihre Entscheidungen ab jetzt bewusster in die Richtung ihrer Träume lenken möchte. Mit dieser Motivation startet sie auch in den nächsten Tag und die nächste Woche.

7

Nach etwa zwei Wochen war das letzte Übersetzungsprojekt für den französischen Kunden erledigt und sie freigestellt. An ihrem letzten Tag brachte sie Kuchen für ihre Kollegen mit und verabschiedete sich würdevoll.

An dem gleichen Abend setzt sie sich an ihren Laptop und macht sich ernsthafte Gedanken dazu, wie es nun weitergehen sollte. Sie denkt zunächst an andere Übersetzungsbüros in der Gegend. Paul und sie wohnen in einer ländlichen Region, in der es in dieser Hinsicht kaum Auswahl gab. Sie stellt dennoch eine Liste mit den Übersetzungsbüros auf, die sich ebenfalls mit ihrem Steckenpferd, dem Französischen, beschäftigen. Das nächste Übersetzungsbüro ist etwa eineinhalb Stunden Autofahrt entfernt. Das ist ihr eigentlich zu weit weg. Deswegen sieht sie online auch nach anderen Stellen, die einen französischen Fokus haben. Dabei fallen ihr zwei Positionen in regionalen Betrieben auf. Es ging um Account Manager Positionen für den französischen Markt. Anna will offen bleiben und schreibt die Stellen als Alternative zu dem einen nächsten, aber sehr weit entfernten Übersetzungsbüro auf. Sie recherchiert noch weiter und findet nichts Anderes, was sie interessant findet. Dabei realisiert sie ihr Glück, das sie mit dem Übersetzungsbüro in ihrem Dorf hatte. Es war das einzige weit und breit. Und dann wird sie auf einen Blog aufmerksam. Da schreibt eine Übersetzerin davon, wie sie sich selbstständig gemacht hat. Anna hatte das während ihres Studiums schon häufiger gehört, doch in ihrer Vorstellung hatte sie immer vor Augen, in einem Übersetzungsbüro mit Kollegen zu arbeiten. Doch wegen der knappen Auswahl las sie sich den Blog genauer an. Wie wäre es, wenn sie selbstständig werden würde? Ihre ersten Gefühle waren Angst und Überforderung. Sie hatte doch keine Ahnung vom Gründen und Organisieren. Und wer weiß, vielleicht macht sie sich damit nur lächerlich? Sie zweifelt und informiert sich weiter zu alternativen Möglichkeiten als Übersetzerin.

Sie nimmt ihren Laptop mit ihren Gedanken dazu mit zu einem Abendessen bei ihren Eltern. Paul begleitet sie. Dort angekommen essen sie zunächst, sprechen über Alltägliches und über die geplante Hochzeit. Paul und sie hatten sich überlegt, im Winter mit der konkreten Planung zu beginnen. Allerdings war ihnen auch Annas plötzliche Arbeitslosigkeit bewusst. So kommen sie zu dem Thema.

Ihre Mutter macht sich Sorgen. Ihr Vater ist auch beunruhigt, aber denkt direkt an mögliche Kontakte, über die er Anna einen Job besorgen könnte. Annas Eltern fokussieren ihre Gedanken darauf, dass Anna so schnell wie möglich wieder an eine Arbeit kommt.

In dieser Hinsicht war Paul etwas anders eingestellt. Er war der Meinung, dass es wichtig war, dass Anna etwas Passendes fand. Etwas, was ihr Beschäftigung gab, etwas, was ihr Spaß machte, etwas, was ihr Einnahmen brachte.

Anna selbst zeigt ihnen ihre Liste und stellt ihnen die Rechercheergebnisse vor. Ihre Eltern sind froh über die Optionen. Paul schätzt die Account Manager Stellen am realistischsten ein. Die Option, dass Anna sich selbstständig machen könnte, belächeln jedoch alle drei.

Das lässt Anna erröten. Es ist ihr peinlich. Gleichzeitig macht es sie aber auch wütend. Warum glauben sie nicht, dass Anna das könnte? Sie fühlt sich herausgefordert, sagt dazu aber nichts. Sie beschließt, am nächsten Tag dazu zu recherchieren, was eine Gründung eines eigenen Übersetzungsbüros im Detail bedeutet.

Somit öffnet sie ihren Laptop am nächsten Tag mit der Idee vom Vorabend. Es liegt wieder eine ungelesene Mail in ihrem Postfach. Es ist wieder Nino. Sie freut sich, öffnet die Mail und erblickt ein weiteres Foto mit ein paar neuen Zeilen:

„Hola Anna, ¿cómo estás? ¡Espero que te esté yendo bien! Probé nuevas recetas esta semana. Una de ellas me hizo pensar en ti y en tu accidente en la hoguera. Tomé tu chancla quemada como inspiración para un nuevo plato de pescado. Esto puede sonar raro. Me pareció gracioso. Mira, así es como queremos que se vea el plato en nuestro menú. ¿Qué piensas?"

Anna sieht sich das Foto an. Sie schmunzelt bei dem Gedanken, dass ihre Tollpatschigkeit die Inspiration für ein Gericht sein soll. Sie erkennt zwar ihren Flipflop nicht direkt in dem Gericht wider, doch sie sieht Parallelen zur Situation an der Lagerfeuerstelle.

Es ist ein knusprig aussehender Tintenfisch auf einem Salatbett mit feuerroten Tomaten als Akzente. Der Tintenfisch ist normalerweise gummiartig wie ihr Flipflop. Die Kruste zeigt das Ergebnis des Bratens und der Salat mit den Tomaten passt zu dem Lagerfeuer. Sie findet es gut gelungen und schreibt Nino daher auch direkt eine Antwort.

„Hola Nino, la chancla se ve muy bien! Estoy impresionada y me gustaría probarlo alguna vez. Solo espero que no sepa a chancla quemada."

Während sie das schreibt, stellt sie sich vor, wie ein angebrannter Flipflop schmecken muss und verzieht ihr Gesicht. Sie ergänzt:

„Pero tal vez le des al plato un nombre más sabroso que „la chancla quemada". ¿Qué tal „La especialidad de Anna"?"

Sie klickt auf Absenden und konzentriert sich wieder auf ihre Recherche zu einem eigenen Übersetzungsbüro. Sie liest und liest und macht sich Notizen. Nach dem Lesen einiger Blogs und Erfahrungsberichte von Selbstständigen hat sie das Gefühl, dass sie das auch könnte. Es gibt online so viele Hilfestellungen und die Buchführung, vor der sie am meisten Respekt hatte, scheint sich auch in Grenzen zu halten.

Kurz bevor sie beschließt, den Laptop zuzuklappen, erscheint eine neue Mail von Nino in ihrem Postfach.

„Hola Anna, me gusta ese nombre! Así le pondré. Si quieres, siempre puedes venir y probar el calamar. Sería un honor darte la bienvenida aquí como mi invitada y amiga que no he visto en mucho tiempo."

Anna freut sich über die Einladung. Sie lehnt sich in ihrem gemütlichen Sessel zurück und blickt nach draußen auf den strahlend blauen Himmel. Sie tagträumt davon, wie es wäre, mal wieder in Spanien zu sein. An der Poolanlage von früher, an der Lagerfeuerstelle mit Nino, Carlota und Jorge. Sie fühlt sich in der Zeit zurückversetzt, als hätte sie gerade erst ihr Abitur gemacht und wäre nach Spanien geflogen. Es ist ein gutes, lebendiges und freies Gefühl.

Da klingelt ihr Telefon. Es ist ihr Vater. Er ruft an, weil er mit einem alten Kumpel zu Annas Arbeitslosigkeit gesprochen hat. Er hat Kontakt zu Annas alten Schule und gemeint, dass dort eine Französisch-Lehrerin gesucht würde. Er sagt, dass das doch eine super Chance wäre. Anna ist überrascht und beeindruckt. Sie bedankt sich bei ihrem Vater, aber ist eigentlich auch etwas enttäuscht. Das ist nicht ihr Erfolg. Sie hat es nicht geschafft, ihr Vater hat sich um sie gekümmert, als wäre sie noch immer ein kleines Kind.

Es motiviert sie, doch noch weiter an der Idee zu arbeiten, ein eigenes Übersetzungsbüro zu eröffnen. Sie sitzt noch bis in die Abendstunden am Laptop, sammelt Informationen zu den einzelnen Schritten und erarbeitet sich ein grobes Konzept.

In den nächsten Tagen und Wochen verfestigt sich diese Idee in ihrem Kopf und sie arbeitet Tag und Nacht an ihrem eigenen Übersetzungsbüro. Ihre Eltern sind nicht begeistert, nachdem Anna den sicheren Job in einer Schule abgelehnt hat. Paul und Anna diskutieren auch einige Male zu Annas Plan. Paul sieht Anna einfach nicht als Selbstständige. Er bezweifelt ihre Ideen und schlägt ihr so wie ihr Vater immer wieder neue Stellen vor, die ihm über den Weg laufen und seiner Meinung nach Anna interessieren könnten. Es kommt zu einigen Streitereien wegen des Themas. Anna frustriert es, dass ihr Verlobter nicht hinter ihr steht. Sie fühlt sich so stark und gleichzeitig so zurückgehalten wie niemals zuvor.

8

An einem Abend mit Marie entscheidet sie sich dafür, eine Auszeit zu nehmen und nach Spanien zu fliegen, um Nino und die anderen zu besuchen und in Ruhe an ihrem Konzept zu arbeiten. Daher schreibt sie Nino:

„Hola, Nino, me ofreciste una visita hace un tiempo. Me gustaría aceptar esa oferta. ¿Crees que podría tomar un avión para ir hasta allí en la segunda semana de octubre?"

Er antwortet verzögert:

„Hola Anna, wow, ¡eso es espontáneo! ¡Claro, por qué no! Para esa fecha mi madre también celebra su cumpleaños. Estoy seguro de que se alegrará de volver a verte."

Anna freut sich über die schnelle Antwort und organisiert ihren Flug nach Spanien.

Schneller als gedacht steht die zweite Oktoberwoche vor Annas Haustür. In der Zwischenzeit hat sich an ihrer Situation nicht viel verändert. Sie hat ihre Idee mit dem eigenen Übersetzungsbüro weiter verfolgt.

Wegen der Meinungsverschiedenheiten zwischen ihr und ihren Eltern sowie ihrem Verlobten hat sie zwar oft gezweifelt, doch sie wollte die Idee nicht verwerfen und, wie so häufig in ihrem Leben, das machen, was am bequemsten war. Sie war motiviert und nahm ihr Leben in ihre eigene Hand. Deswegen hielt sie auch an der Chance fest, nach Spanien zu fliegen und die alten Bekannten aus der Au-Pair-Zeit zu besuchen. Sie erhoffte sich weitere Impulse und etwas Abstand zu den Konflikten Zuhause.

Paul war nicht begeistert, aber ließ Anna den Solo-Trip antreten. Er brachte sie zum Flughafen und nahm sie fest in den Arm. "Hey Anna, du weißt, ich liebe dich. Ich hoffe, dass du viel Spaß in Spanien haben wirst. Ich würde mir auch sehr wünschen, dass du dort zur Vernunft kommst. Ein eigenes Übersetzungsbüro bedeutet, dass du selbstständig sein würdest und andauernd arbeiten müsstest. Also nicht nur die acht Stunden am Tag wie bisher. Denk doch einmal daran, wie es dann wäre, wenn du Mutter wirst. Du würdest keine Zeit für unser Kind haben und arbeiten müssen, damit deine Firma am Leben bleibt. Das wäre wirklich ein zu großes

Projekt. Glaub mir, Schatz." Paul küsst sie zum Abschied.

Anna nimmt seinen Kopf in ihre Hände und antwortet: "Ich weiß, dass du es nur gut meinst." Sie küsst ihn zärtlich, bewegt sich dann zur Sicherheitskontrolle und winkt ihm zu.

Ihr Flieger startet, sie hebt ab und sieht Deutschland hinter sich verschwinden. Sie genießt dieses Gefühl. Es ist ein Anfang und ein Ende zugleich. Sie verlässt einen Ort und kommt an einem neuen an. Sie findet das Gefühl magisch. Sie blickt in die weißen, flauschig aussehenden Wolken und lehnt sich in ihren Sitz.

Kurz vor der Landung sieht sie das mächtige, blaue Mittelmeer. Sie ist fasziniert und freut sich auf Spanien.

Das Flugzeug setzt auf dem trockenen Boden auf. Anna verlässt das Flugzeug und läuft in eine warme Wand. Die Temperaturen in Spanien waren deutlich höher als in Deutschland.

Einige Minuten später steht sie am Gepäckband und erwartet ihren Koffer. Sie ist aufgeregt und sieht all die Menschen um sich an. Sie sehen anders aus als die Leute aus ihrem Dorf. Die meisten haben dunkle Haare, viele unterhalten sich lebendig und gestikulieren kräftig.

Anna merkt erst in dem Moment, wie lange sie nicht mehr im Süden unterwegs war. Sie liebt diese Atmosphäre.

Nach weiteren Minuten findet sie ihren Koffer auf dem Gepäckband. Sie nimmt ihn herunter und läuft Richtung Ankunftshalle des Flughafens. In der Halle sind viele Menschen. Sie hält Ausschau nach Nino. Er wollte sie abholen. Sie hofft, dass sie ihn erkennt und schließlich sieht sie einen winkenden Mann. Sie erkennt ihn direkt.

Es ist Nino. Der Nino von früher. Es ist fast wie eine Zeitreise. Sie geht auf ihn zu und lächelt. Er sieht noch immer so attraktiv aus wie damals. Er hat einige Lachfalten und auch Falten in der Augenpartie gekriegt. Die lassen ihn aber nicht alt, sondern einfach reifer wirken.

„¡Hola Anna!"

beginnt er.

„¿Cómo estás?"

Er umarmt sie und gibt ihr zur Begrüßung zwei Küsschen auf die Wangen.

„Hola Nino."

erwidert Anna.

„Estoy de maravilla. ¡Es una locura volver a verte!"

„Te ves muy bien."

sagt er und mustert sie anerkennend. Anna bedankt sich und kann es noch immer nicht fassen, dass sie gerade vor Nino in Spanien steht.

„Tú tampoco has cambiado mucho. Es como si te hubiera visto ayer por última vez."

erklärt Anna.

„Gracias de nuevo por la invitación, también. Estoy muy feliz de estar aquí de nuevo."

Nino nickt und sagt:

„Sí, yo también lo creo. Y por supuesto, siempre eres bienvenida aquí."

Er legt ihr eine Hand auf die Schulter und dreht sich ein wenig zur Seite.

„También encontré un lugar para aparcar en el parking de al lado."

Er läuft in die Richtung des Parkhauses, Anna folgt ihm.

Im Auto angekommen geht die Fahrt weiter zu Ninos Wohnung. Anna erinnert sich an die Umgebung und an das erste Mal, als sie hier gelandet und abgeholt wurde.

Damals hatte ihr Flug Verspätung. Ihre Gastfamilie musste auf sie warten. Es tat ihr so leid, weil auch die Kinder mit zum Flughafen gekommen waren und es so spät geworden war. Trotzdem waren die Kinder bei der Ankunft noch hellwach und empfingen sie. Ihr Kulturschock folgte kurz darauf. Sie hatte sich nicht über die Begrüßungsformen in Spanien informiert und war überrascht, als ihr Gastvater Küsschen von ihr erwartete. Ihr kam das komisch vor. Bei ihr Zuhause gab man vor allem Leuten, die man noch nie zuvor gesehen hatte, einfach nur die Hand. Sie wollte nicht unhöflich sein und gab ihm dann mit einem komischen Gefühl zwei Küsschen. Danach sah sie die Gastmutter an. Carmen strahlte aber und signalisierte damit, dass das für sie alles in bester Ordnung war. So gab Anna Carmen auch zwei

Küsschen und stellte sich bei den beiden Kindern vor. Aus der Situation hatte Anna gelernt.

Nino holt sie aus ihren Gedanken:

„¿Te parece bien si vamos al mercado de nuevo de camino a mi apartamento? Tengo que hacer algunas compras para el restaurante."

„¡Sí, claro, me encantaría!","

Anna ist einverstanden und stellt sich bereits die tollen Gerüche und Farben auf dem Markt vor.

Auf dem Großmarkt spazieren die beiden mit zwei großen Taschen durch die Gänge.

„¿Qué necesitas?"

fragt Anna ihn.

„Necesito algo de fruta y verdura. En los últimos días se han pedido muchas ensaladas. Por eso ahora tengo que comprar nuevas lechugas, tomates y aceitunas verdes y negras. También necesito limones frescos para las bebidas y plátanos para el postre."

Nino wirft einen Kontrollblick auf seine Einkaufsliste.

„¡Oh, y el pan! Todavía necesitamos pan para esta noche. ¿Tienes hambre después de tu largo vuelo?"

Anna überlegt und erwidert:

„Tengo un poco de hambre. ¿Quizás podamos comprar más fruta?"

„Sí, eso suena bien. Estamos a punto de conseguir algunas naranjas de mi vendedor favorito. Tienen un sabor fantástico."

schlägt Nino vor.

Kaum hat er davon gesprochen, trifft er auch schon seinen Lieblingsverkäufer.

„¡Hola Javi!"

ruft Nino.

„¿Cómo estás? ¿Todo bien?"

„Sí, claro, Nino! Me alegro de verte. ¿Qué puedo ofrecerte hoy?"

„Un kilo de naranjas, por favor. Dame los mejores que tengas. Mi amiga Anna tiene que probarlas."

Javier lacht auf eine sympathische Weise und sucht einige Orangen aus einer Kiste, wiegt sie und bereitet eine Tüte für die beiden vor.

„¡Aquí tenéis, disfrutad!"

sagt er. Nino fragt:

„¿Cuánto cuesta el kilo?"

Javier sieht in seine Preisliste und erklärt:

„Dos euros, por favor."

Nino kramt in seinem Portemonnaie und holt ein Zwei-Euro-Stück hervor.

„Perfecto, aquí tienes. ¿Nos vemos mañana en la playa?"

„¡Sí, definitivamente!"

Javier winkt und verabschiedet sich, während bereits der nächste Kunde in der Schlange seinen Wunsch äußert.

Nino und Anna laufen weiter zum Gemüsestand und sehen sich die sonnenverwöhnten, knallroten Tomaten an. Davon nehmen sie sich zwei Kilo mit. Für die Oliven erhalten sie ein Gefäß, in dem sie nicht austrocknen. Den Salat kaufen sie an einem anderen Stand. Die Bananen hätten sie beinahe vergessen. Sie kaufen ein ganzes Bündel, welches bereits leicht bräunlich ist. Nino sagt in dem Zusammenhang:

„En el restaurante ofrecemos pan de plátano con unas pocas cucharadas de helado y frambuesas de postre. A nuestros clientes les encanta eso. Sabe mejor cuando los plátanos no están del todo amarillos, sino ya un poco marrones. Entonces son suaves y dulces. Eso es genial y tienes que probarlo durante estos días."

Anna grinst:

„Creo que comeré mucho en los próximos días."

Nino stimmt ihr zu und lacht.

Als letzten Halt vor Ninos Wohnung fahren sie noch zu einer örtlichen Bäckerei. Dort kaufen sie ein paar Stangen Baguette ein.

Dann kann es Anna auch kaum erwarten, endlich in der Wohnanlage anzukommen, in der Nino und sie sich auch früher begegnet sind.

Anna kennt die Straßen und kommt sich erneut wie in einer Zeitreise vor. Das Tor zur Wohnanlage hatte sie viel größer in Erinnerung, aber die Straßen dahinter waren genauso schön grün bepflanzt wie damals. Die mediterranen Häuser reihen sich aneinander an und dann fahren sie in die Tiefgarage unter den Komplex, in dem Nino mittlerweile seine eigene Wohnung hatte.

Nino öffnet die Eingangstür und lässt Anna zuerst eintreten.

Anna spaziert über den lichtdurchfluteten Flur in das Wohnzimmer. Eine Fensterfront erlaubt einen Blick auf den Balkon sowie die Pool-Anlage im gemeinschaftlichen Garten des Wohnkomplexes. Sie staunt bei dem Anblick.

Nino läuft ihr hinterher und fragt:

„Es una gran vista, ¿eh?"

Anna stimmt ihm zu:

„No he visto la piscina en mucho tiempo. Pero es tan hermoso como lo recuerdo. Me gustaría ir a nadar más tarde. Pero ahora mismo disfruto mucho estando en tu genial sala de estar. Es muy bonito aquí."

Nino freut sich über ihre Reaktion und vertraut Anna an:

„Para ser honesto, mi madre me ayudó mucho con el mobiliario. Estaba un poco indeciso cuando elegí el sofá, pero a ella le gustó este sofá de inmediato. Como es conocida por su buen gusto, finalmente seguí su recomendación."

Anna muss grinsen. Ninos Mutter hatte tatsächlich einen großartigen Sinn für Ästhetik. Sie hatte auch das Restaurant dekoriert und das sah damals schon einladend aus.

„Ven conmigo, te mostraré las otras habitaciones."

fordert Nino Anna auf und spaziert durch eine schwere Holztür. Anna folgt ihm. Im nächsten Raum erwartet sie die Küche. Durch ein Fenster kann sie wieder den Pool erblicken. Anna streicht über die hell gefliese Küchenzeile und sieht erneut nach draußen. Nino folgt ihrem Blick und erzählt:

„Me encanta desayunar en el balcón por la mañana. Pero al mediodía hace demasiado calor ahí fuera en verano. Entonces prefiero comer en la cocina."

Anna dreht sich wieder zu Nino um. Sie fragt:

„¿Cocinas mucho siempre que estás en el restaurante?"

Nino erklärt:

„Rara vez cocino en casa. Cuando estoy aquí, suelo comer bocadillos. A veces me traigo algo del restaurante a casa. Luego lo caliento aquí y me lo como para la cena, por ejemplo."

Er wühlt in den mitgebrachten Tüten vom Markt und holt die Orangen hervor.

„Mira, también podríamos comer las naranjas. ¿Te apetece?"

„¡Oh sí! Me encantaría!"

antwortet Anna.

„¿Dónde están tus cuchillos? Vamos a pelar las naranjas enseguida."

Nino läuft zu einer Schublade neben dem Kühlschrank und holt ein Messer hervor.

„A ver, esto debería hacerlo rápido. También tengo un melón. Podemos comerlo también."

Er holt die Melone aus dem Kühlschrank und schneidet sie in kleinere Stücke. Anna kümmert sich derweil um die Orangen.

„¿Dónde están tus platos?."

fragt Anna. Nino zeigt auf einen Schrank und meint:

„Puedes mirar en cualquier armario y buscar por ti misma. Siéntete como en casa!"

Anna bedankt sich, schnappt sich einen Teller und legt die Früchte darauf.

Sie setzen sich auf den Balkon, essen die Früchte und unterhalten sich genauer über die Anreise.

„¡Háblame de tu vuelo! ¿Todo ha ido bien?."

fragt Nino.

„Sí, todo fue realmente de acuerdo al plan. Llegué al aeropuerto a tiempo. El vuelo fue agradable. En general, me gusta volar. En mi opinión, es como subir a una montaña rusa para despegar y luego subir al cielo como un tren. Es un sentimiento mágico. ¿También te gusta volar?"

Nino muss bei dem Vergleich lachen.

„¡Esa es una buena comparación!"

sagt er daher vorab.

„Soy un poco sensible a la hora de volar. Yo vuelo, pero prefiero ir en coche o en tren. Aunque sé que volar es menos peligroso que conducir un coche, tengo más respeto por el vuelo. Conducir me hace sentir más en control, ¿sabes?"

Anna drückt ihr Verständnis aus:

„Entiendo, sí. Mi mejor amiga en Alemania, Marie, siente lo mismo acerca de volar. Una vez fuimos de vacaciones juntas. Tuvimos una pequeña turbulencia al despegar. Se asustó mucho y pensó demasiado en el hecho de que el avión podría tener problemas. Incluso se puso a llorar. No esperaba eso. ¿Te pasa lo mismo?"

Nino antwortet:

„Creo que probablemente, al igual que tu amiga, no puedo pensar en lo que podría pasar. Pensamientos como ese realmente te vuelven loco."

Anna nickt ihm zu. Sie hat den Eindruck, dass die Angst gar nicht zu ihm passt. Er scheint so stark.

Nino fährt fort und fragt Anna:

„¿Cómo te fue con el equipaje? ¿Esperaste mucho tiempo por tu maleta? Aunque nunca me pasa nada cuando vuelo, mi maleta se ha perdido muy a menudo."

Anna muss auch an einige Reisen denken, in denen sie erst ewig am Gepäckband auf ihren Koffer gewartet hat. Letztlich ist der Koffer dann in der Regel im Sondergepäck angekommen. Einmal hat die Fluggesellschaft ihren Koffer auch beim Stopover nicht mehr in den Anschlussflieger aufgenommen.

Die beiden tauschen sich zu einigen weiteren Reisegeschichten aus, bis Nino Anna mitteilt, dass er noch zum Restaurant fahren müsste. An dem Abend stand eine Großveranstaltung an, sodass er noch einiges vorbereiten müsste. Er hinterlässt Anna den Wohnungsschlüssel und verabschiedet sich für den Rest des Nachmittags.

9

Als Nino die Wohnungstür hinter sich schließt, geht Anna wieder auf den Balkon. Sie setzt sich und lehnt sich zurück. Sie atmet ein paar Mal tief ein und aus und spürt die Sonnenstrahlen auf ihren Armen. Es ist ein wunderbares Gefühl. Sie ist so dankbar, dass sie nach Spanien fliegen konnte und genießt die Ruhe. Sie ist entspannt und würde am liebsten als nächstes in den Pool springen und ein paar Runden schwimmen. Sie nimmt sich das Schwimmen vor, jedoch will sie sich vorher noch kurz bei ihrem Verlobten, Paul, melden. Sie hatte ihm noch nicht Bescheid gesagt, dass sie gut angekommen war. Daher greift sie zunächst zum Handy und wählt seinen Kontakt.

Sie telefonieren recht kurz. Paul ist gerade auf dem Weg zum Golfen und hat entsprechend wenig Zeit. Er freut sich dennoch sehr über Annas Anruf.

Danach schnappt Anna sich ein Handtuch, ihren Bikini und ihre Flipflops. Sie läuft die Treppen hinunter zum Pool. Der Weg ist in einem mediterranen Erdton gepflastert und führt auch direkt zu den Poolduschen. Einige tragen das Schild "Dusche defekt". Anna kannte das. Als sie dort als Au-Pair geduscht hat, hing das Schild normalerweise auch an zumindest einer der drei Duschen. Der Hausmeister schien noch keine Lösung gefunden zu haben.

Sie hat den Hausmeister der Anlage einige Male getroffen. Das letzte Mal ist ihr im Gedächtnis geblieben, weil sie danach vor Peinlichkeit gerne in den Boden versunken wäre. Der Hausmeister war ein kleiner dicklicher und wahnsinnig netter Mann, der regelmäßig den Rasen mähte und auch die Mülleimer auf der Anlage leerte. An einem Wochenende leerte er also wie üblich die Mülleimer und Anna war mit den Kindern, Paco und María, im Pool. Alles war also genau so, wie sonst auch. Sie grüßte ihn und er winkte zurück. Doch wenig später tauchte Paco auf und grinste Anna breit an. Er sagte kichernd: "Anna, man sieht deine "Teta"." Er kannte das Wort nicht, doch durch seinen Fingerzeig und der sprachlichen Ähnlichkeit verstand Anna, was los war. Ihr rechter Busen war dem Bikini entkommen.

Ihr schoss das Blut in den Kopf. Sie brachte alles wieder an den richtigen Ort. Der Hausmeister und die Kinder mussten sie dennoch so gesehen haben. Und das war ihr peinlich gewesen.

Nach der Dusche springt Anna in den Pool und schwimmt von einem Poolende zum anderen. Zum Schluss lässt sie sich treiben und legt sich auf ihr Handtuch. Sie grinst in die Stille und denkt über ihre Situation nach. Sie genießt ihre Auszeit.

Gleichzeitig denkt sie auch an ihre Situation Zuhause. Sie ist zum ersten Mal in ihrem Leben arbeitslos. Ihr Freund und ihre Familie hören sich nach neuen Job-Möglichkeiten für sie um, obwohl sie ihnen bereits verdeutlicht hat, dass sie sich gerne selbstständig machen möchte. Weil scheinbar niemand Zuhause daran glaubte, dass sie das könnte, empfindet sie den Abstand mit der Kurzreise nach Spanien gerade richtig.

Sie dreht sich auf dem Handtuch, um auch ihren Rücken bräunen zu lassen. Sie denkt weiterhin über ihre Situation nach. Dabei tauchen auch einige Zweifel auf. Was ist, wenn ihre Familie recht hätte?

Wenn sie es nicht packen würde, selbstständig zu sein?

Sie würde es nie erfahren, wenn sie es nicht einmal ausprobiert. Warum also aufgeben ohne Gewissheit zu haben? Und was ist schon gewiss? Misserfolge gehören doch dazu, damit man aus ihnen lernt, oder? Wenn sie alle ihre Entscheidungen auf dieses Ziel ausrichtet, muss sie doch da ankommen, wo sie hinmöchte? Sie stellt für sich fest, dass es von ihrer Einstellung abhängt. Sie muss es wollen und sich für ihren Wunsch einsetzen.

Daneben stellt sie sich die Frage, warum sie selbstständig sein will.

Sie erinnert sich daran, dass es bei ihrem Job in dem Übersetzungsbüro immer darum ging, die Kunden zufrieden zu stellen. Sie mochte es auf der einen Seite, mit den Kunden zusammen zu arbeiten und ihnen treffsichere Übersetzungen zu liefern. Sie liebte Sprachen und das Abtauchen in die Welt komplexer Satzstrukturen. Auf der anderen Seite gab es auch Punkte, die sie an ihrem alten Job störten.

Dazu gehörte vor allem der Stress. Zeitweise gab es so viele Projekte nebeneinander, dass sie es gar nicht schaffte, im Laufe des Tages mal eine Pause einzulegen. Da hätte sie manchmal aber lieber weniger Geld verdient als sich so abzuhetzen. Letztendlich war es ja auch so, dass sie ein fixes Gehalt erhielt. Egal, ob sie sich von einem Projekt zum nächsten hetzte, oder, ob sie die Projekte in Ruhe bearbeiten konnte. Während sie darüber nachdenkt, fühlt sie sich ein wenig ausgebeutet. Schließlich generierte das Übersetzungsbüro höhere Umsätze. Gleichzeitig versteht sie auch, dass ihr Chef das Risiko übernahm, wenn es wenige Projekte oder sich Kunden verabschiedeten.

Doch im Grunde betraf das Anna auch. Schließlich war sie wegen einer solchen Entwicklung gekündigt worden. Darauf hatte sie keinen großen Einfluss.

Bei einer Selbstständigkeit stellt sie sich vor, dass sie eine direktere Verbindung zwischen ihrem Einsatz und ihrem "Return" sieht. Das motiviert sie. Denn sie weiß tief in ihr, dass sie sehr gut in ihrem Fach ist und sich reinhängen kann.

Auf der Suche nach der Antwort auf ihre Frage nach dem "Warum sie selbständig werden möchte" geht sie noch einmal in den Pool. Sie springt in das kühle Nass und überlegt weiter.

Sicherlich motiviert sie auch die Tatsache, dass sie der Welt zeigen möchte, dass sie das kann. Sie möchte respektiert und nicht als das liebe Mädchen belächelt werden, dem der Job von ihrer Familie in den Schoß gelegt wurde.

Ihre Recherchen haben sogar gezeigt, dass es viele Anleitungen zu den Formalitäten zur Gründung eines Übersetzungsbüros gibt. In der Hinsicht hat sie das Gefühl, dass das auch für sie machbar ist. Das bestärkt sie in ihrem Wunsch eigentlich nur noch mehr.

Anna schwimmt noch ein paar Mal von dem einen Ende des Pools zum anderen und trocknet sich dann ab, um wieder zurück in die Wohnung zu gehen und um ihre Gedanken zu ihren Beweggründen in ihrem Notizbuch auf Papier zu bringen.

Am Abend kehrt Nino zurück von der Veranstaltung im Restaurant. Er spaziert mit einem Rosé-Wein in der Hand auf den Balkon. Dort findet er Anna mit ihrem Notizbuch und ihrem Laptop.

Anna sieht ihn an und freut sich

„Hola Nino, ¿cómo estás? ¿Tenemos algo que celebrar hoy?"

Sie fragt amüsiert und legt ihre Sachen zur Seite.

„Hola Anna, por supuesto! Acabas de llegar hoy. Deberíamos celebrarlo."

„Así es. Traeré algunos vasos de la cocina."

„Vale, suena bien. Puedes traer algunos platos. Tengo dos platos más de la especialidad de Anna en el coche. ¿Recuerdas el plato del que hablamos?"

Anna ist positiv überrascht:

„Por supuesto, fue el calamar crujiente, ¿verdad? La inspiración fue mi percance en la hoguera?"

Nino nickt anerkennend:

„Exactamente."

Er lacht, stellt den Wein ab und läuft wieder in die Wohnung, um das Essen aus dem Auto zu holen.

Anna deckt den Tisch auf dem Balkon ein und holt einen Korkenzieher für den Wein. Beim Einschenken erscheint Nino auch wieder. Er hat eine

Frischhaltebox dabei. Darin liegen die beiden vorbereiteten Gerichte.

„Normalmente servimos los calamares calientes en el restaurante, pero creo que el plato también sabe bien frío."

„Estoy segura de que lo hará."

antwortet Anna hoffnungsvoll. Beide setzen sich und probieren den Fisch.

„Sabe realmente delicioso."

sagt Anna, nimmt einen weiteren Happen und fügt hinzu:

„Ahora merece oficialmente el nombre. Me gusta mucho."

„Me alegra."

reagiert Nino.

„¿Cómo fue tu tarde, Anna?"

Anna berichtet:

„Muy bonita, sobre todo disfruté del buen tiempo. En Alemania seguía lloviendo cuando me fui. Así que fue muy agradable. También fui a nadar a la piscina. De resto, tomé el sol y me acosté sobre mi toalla. Así que básicamente no me moví tanto. Supongo que tú hoy has hecho más cosas."

Nino antwortet:

„Sí, probablemente un poco."

Er lächelt auf eine sympathische Art und Weise.

„Tuve que volver al restaurante esta tarde porque un gran evento estaba planeado para la noche. Me ocupé de algunas lámparas rotas y hablé de nuevo con el equipo que se encarga de los invitados esta noche. Ahora todo está preparado. Confío en el equipo y puedo disfrutar de la noche libre contigo. ¡Salud, por cierto!"

Er hebt sein Weinglas zum Anstoßen. Anna macht ihm nach und stößt an.

„Salud."

sagt sie.

„Estoy muy agradecida de haber podido pasar por aquí tan espontáneamente."

„Por supuesto. De nada."

Er lächelt erneut und trinkt den Wein genüsslich. Danach setzt er noch einmal zu sprechen an:

„Pero todavía tienes que explicarme por qué viniste sola. Esperaba que trajeras a tu prometido."

Anna kann die Verwunderung nachvollziehen.

„Bueno, para responder a eso, tendré que contarte un poco más. Es solo que recientemente perdí mi trabajo."

Nino unterbricht sie kurz:

„Oh, lo siento."

Anna fährt fort:

„Está bien, he estado pensando mucho desde entonces. He pensado en mí y en mis deseos. He llegado a la conclusión de que me gustaría abrir mi propia agencia de traducción."

„Vaya, muy impresionante."

staunt Nino.

„Sí, mi familia e incluso mi prometido piensan que sería mejor para mí volver a trabajar como empleada."

„Ya veo."

nickt Nino.

„Volando hasta aquí, quería distanciarme un poco y pensar en ello en paz. Mi prometido me apoya. Me da la libertad de ser clara en mis ideas. Sin embargo, él y mis padres esperan que vuelva y les diga que seguiré su recomendación. Pero no creo en esto en este momento. Todavía quiero abrir mi propia agencia de traducción."

Nino sieht in die Ferne und wirkt nachdenklich.

„Ya veo."

wiederholt er schließlich.

„Eso suena como una situación compleja."

Er macht eine Pause und teilt seine Ansicht dazu:

„Por un lado, creo que tienes que adaptarte un poco a tu situación en la vida. Por otro lado, también creo que debes cuidarte a ti misma y a tus propios deseos y no ignorarlos. En mi opinión, siempre debe haber un equilibrio."

Sehr weise Worte, dachte sich Anna.

„Bueno, mi deseo es ser mi propio jefe, pase lo que pase. De hecho, esta tarde he pensado mucho en por qué quiero eso. Me encanta traducir. También estoy convencida de que soy muy buena en ello y que los clientes aprecian mi talento. En comparación con ser una „empleada". Ser autónoma también significa que veo mi compromiso directamente en los ingresos. Y también quiero que la gente que me rodea me respete por lo que hago. Porque no quiero ser una de esas personas que siempre elige el camino más conveniente."

„Pero no lo eres, Anna. Viniste a España justo después del instituto. Y durante tus estudios, estabas sola en París. Eso demuestra mucho coraje."

„Sí, tuve valor en ese momento. Hice exactamente lo que quería. Estaba soltera y siempre buscaba la próxima aventura. Pero ahora tengo pareja, no, incluso estoy comprometida. Aunque quería volver al extranjero después de mis estudios, hice un compromiso. Me mudé a mi ciudad natal. Mi padre me encontró un trabajo. Me encantaba ese trabajo, pero eso está básicamente en el pasado."

Anna sieht enttäuscht von ihrer aktuellen Situation auf den Boden.

„Ahora vivo una vida en la que, como mucho, me encuentro con unos cuantos trotamundos por casualidad en unas vacaciones con todo incluido en el complejo de piscinas. De alguna manera no he llegado a donde quiero ir todavía."

Sie sieht Nino an und muss etwas grinsen:

„No quiero agobiarte con eso."

Nino schiebt sein Weinglas zur Seite und rückt näher an den Tisch heran.

„Mira, Anna, no hay problema. Me alegro de que me hables de ello. Todo el mundo experimenta situaciones como esta. Yo siento lo mismo y creo que es mejor hablar de ello. También puedes ver tu insatisfacción con la situación como una señal. Puedes usarlo para ti misma y volver a encarrilar tu vida hacia la felicidad."

„Tienes razón."

Anna ist schon besser gelaunt und nimmt einen weiteren Schluck Wein.

Nino fügt ergänzend hinzu:

„Puedes ser lo que quieras."

Und dann fragt er schmunzelnd

„¿Todavía tienes las agallas para saltar a la piscina con la ropa puesta?"

Anna erinnert sich daran, dass Nino, Carlota, Jorge und sie das oft gemacht haben. Sie hatten so eine lustige Zeit zusammen. Und scheinbar hatte der erwachsene Nino den Sinn für solche Dummheiten noch nicht verloren.

Früher sind sie auf ein Stichwort alle zum Pool gerannt und hereingesprungen - egal, ob mit Klamotten oder in Badesachen. Der letzte, der im Pool war, musste beim nächsten Mal Wein mitbringen.

Anna lachte laut und meinte dann herausgefordert:

„¡Claro! No soy una abuela."

Kaum hatte Nino den Satz gehört, nennt er auch schon das Stichwort und rennt los zur Balkontür. Anna glaubt ihren Augen nicht und rennt ihm hinterher. Im Treppenhaus nimmt er einige Stufen auf einmal, sodass Anna ihn nicht einholen kann.

„¡Estás loco!"

ruft sie und lacht herzhaft. Als sie bei der Poolanlage ankommt, ist Nino schon im Pool. Seine Flip-Flops liegen am Beckenrand, ansonsten ist er in T-Shirt und Hose im Pool und ruft Anna,

„¡Cobarde!"

zu, während sie einen großen Satz nimmt und auch in den Pool springt.

Nach dem Auftauchen lacht sie ihn noch einmal an und wiederholt

„¡Estás tan loco, Nino! Eso fue divertido."

Er strahlt sie an und sagt:

„¡Sí! Y ahora sé quién va a por el próximo vino."

Beide lachen, während sie in voller Montur im Wasser stehen.

Anna kommt es so vor, als wäre sie nie weg gewesen. Nino war noch genau wie früher. Und im Grunde hatte sie sich auch nicht verändert.

Wenig später kehren sie zurück in die Wohnung. Anna duscht sich kurz und zieht sich um. Nino räumt in der Zwischenzeit den Balkon auf und bringt den Wein zum Sofa in das Wohnzimmer. Als Anna fertig ist, setzt sie sich gemütlich zwischen die vielen kuscheligen Kissen. Nino duscht sich und gesellt sich kurz darauf zu ihr. Er schaltet etwas Musik ein und wendet sich wieder Anna zu.

Sie lächelt zufrieden und fragt:

„¿Cómo te sientes en tu vida? ¿Estás contento, Nino?"

„Sí, la verdad. El restaurante va bien. Me encanta mi apartamento y puedo ir a hacer kitesurf la mayor parte de los fines de semana por lo menos. Por supuesto, tengo mis momentos de estrés y tensión, pero eso es parte de ello."

Er trinkt einen Schluck Wein und blickt etwas verloren durch sein Wohnzimmer.

„Mi dilema es probablemente el tema de las mujeres en este momento. Realmente quiero quedarme cerca del restaurante. Así que sería conveniente para mí conocer a alguien de aquí. Pero ya tú conoces la región. Comparado con los turistas en verano, hay muy pocos lugareños. Los que viven aquí conocen el restaurante y saben que va bien. Parece que atrae a algunas mujeres. Siempre pensé que era bueno para leer a la gente. Pero mi ex-novia me mostró lo contrario. Al principio pensé que estábamos bien juntos. Teníamos buenas conversaciones. Pero a medida que pasaba el tiempo, tenía expectativas cada vez más altas. Esperaba que yo pagara por sus hobbies caros.

Además, tuvimos muchos malentendidos en la vida cotidiana. A veces sentía como si hubiera dos realidades. Su realidad y mi realidad. Eso fue raro. Por eso nos peleamos mucho."

Anna versucht sich in Ninos Situation zu versetzen:

„Eso suena agotador. ¿Por qué rompisteis al final?"

Nino rollt seine Augen.

„De por sí, no hubo ningún evento especial. Era la suma total de todas las peleas... Al menos pude darme cuenta de lo que no quería volver a hacer y lo que era importante para mí."

Anna will ihn genauer verstehen, was er für sich festgestellt hat, und fragt nach:

„¿Qué es importante para ti?"

Nino schmunzelt und nimmt einen weiteren Schluck Wein.

„Bueno."

beginnt er.

„Hay muchas cosas que son importantes para mí en una relación. Por eso es tan difícil para mí encontrar a una persona así. De mi última relación aprendí que necesito la amistad como base. No quiero aprovecharme y no quiero que se aprovechen de mí. Debería ser algo bueno para ambas partes, creo."

Nun schaut Nino etwas verlegen durch den Raum und fährt fort:

„Además de eso tiene que haber interés sexual. Quiero ser atractiva y también quiero poder estar vestida o desnuda. ¿Sabes lo que quiero decir?"

Anna versteht ihn genau. Im Grunde ist die Kombination aus einer Freundschaft und der Attraktivität auf körperlicher als auch auf mentaler Ebene doch die Essenz einer Beziehung. Sie sieht es auch so.

„Sí, absolutamente. Estoy de acuerdo contigo."

erwidert Anna daher und sieht ihm in die Augen.

„No parece difícil, pero la realidad siempre es diferente de alguna manera. Así es la vida. ¡Salud por eso!"

Anna hält ihr Weinglas in Ninos Richtung. Er lächelt sie an und stößt auf ihre Worte an.

Mit den Gesprächen zu ihren aktuellen Lebensherausforderungen geht der Abend langsam zu Ende. Weil Nino am nächsten Morgen zum

Restaurant fährt, verabreden sie sich dort für den
Abend.

.

10

Im Gegensatz zu Nino startet Anna entspannt in ihren Tag und spaziert durch die Innenstadt. Erst recherchiert sie, in welches Café sie sich setzen kann. Dann macht sie sich Notizen zum Weg und läuft los. In dem Städtchen soll es ein Café mit einer integrierten Bücherei geben.

Anna läuft etwa eine halbe Stunde durch die wunderschönen, mediterranen Straßen, bis sie frustriert auf ihre Notizen sieht und feststellt, dass sie sich verirrt hat. Sie hat das angedachte Café noch nicht gefunden.

Daher spricht sie eine ältere Frau an, um nach dem Weg zu fragen:

„Disculpe, ¿puede ayudarme? Estoy buscando un café con una biblioteca. Se llama „La librería". ¿Sabe dónde está?"

Die Dame hält einen Moment inne, um zu überlegen. Sie sieht freundlich aus. Sie trägt ihre gräulichen Haare in einem lockeren Dutt und sieht mit ihren braunen Augen in die Luft. Ihr frisch duftendes

Parfum umgibt sie. Dieses Bild passt perfekt zu dem Städtchen, denkt sich Anna.

„Sí, la conozco. Me encanta el café. Aunque está un poco más lejos de aquí."

Die Dame hebt ihren Arm, um Anna den Weg zu zeigen:

„Es mejor caminar por este camino principal hasta llegar al segundo semáforo. „Gira a la derecha allí. Entonces pasarás por una farmacia. Poco después de la farmacia puedes girar a la derecha de nuevo en una pequeña calle. En esta pequeña calle hay muchas flores de colores. Te encantará la calle pequeña. También hay muchas tiendas bonitas como la panadería „La francesa". Cuando la veas, estarás en el camino correcto. Después de la panadería puedes girar a la izquierda. Ahí tienes que caminar recto durante mucho tiempo. Al final de la calle incluso se puede ver el mar. Pero no tienes que caminar tan lejos. En el camino está nuestro mercado. Si lo cruzas, ya casi estás en el café. Camina a través del mercado hacia la playa. Hay algunos cafés en la calle. El último de la derecha es el que estás buscando."

Anna versucht sich die Wegbeschreibung zu merken und fasst es nochmal in ihren eigenen Worten zusammen:

„Bueno, camino por esta calle hasta el segundo semáforo. Luego doblo a la derecha. Después de la farmacia giro a la derecha de nuevo en la pequeña calle con las flores. Luego doblo a la izquierda en la panadería y luego sigo derecho por la plaza del mercado y encuentro „La librería" a la derecha. ¿Verdad?"

Die Frau lächelt zufrieden und nickt anerkennend:

„Correcto."

Anna bedankt sich und verabschiedet sich höflich.

Endlich im Café angekommen, bestellt sie sich einen Eiskaffee. Nach dem langen Spaziergang hat sie Lust auf etwas Kaltes. Anschließend erkundet sie die Bücherregale und läuft durch die engen Gänge. Dabei stößt sie auf ein Buch zum Thema "Selbstständigkeit". Das spricht sie an. Nach einem kurzen Durchblättern nimmt sie das Buch mit zu ihrem Tisch und setzt sich.

Anna hat ihr Notizbuch mitgenommen und dokumentiert einige Erkenntnisse aus dem Buch.

Langsam konkretisieren sich ihre Ideen zu ihrem eigenen Übersetzungsbüro. Sie stellt sich die Situation vor, wenn es soweit ist und sie im eigenen Auftrag auf Kunden zugehen kann. Sie träumt gerne davon, dass sie ihre Idee erfolgreich realisieren wird. Angeblich soll es helfen, sich das positive Ergebnis vorzustellen. Und es stimmt. Es motiviert sie sehr, wenn sie an den Erfolg denkt.

Der Nachmittag verfliegt, während sie in dem Café sitzt und liest. Irgendwann legt sie das Buch zur Seite und genießt die Ruhe für einen weiteren Moment, bevor sie sich aufmacht und zum Strand geht.

Weil Anna früher als verabredet beim Strand ankommt, watet sie noch ein wenig durch das flache Wasser. Sie bleibt nicht lange alleine. Javier, der Verkäufer der Früchte vom Großmarkt, hat sie entdeckt. Er läuft zu ihr und begrüßt sie, als wenn sie einander schon länger kennen würden.

„¡Hola!."

ruft er.

„Eres la amiga de Nino, ¿verdad?"

„¡Hola!."

begegnet sie ihm.

„Sí, así es, soy yo. Tu nombre es Javier, ¿verdad?"

Javier ist größer als die meisten, die Anna hier bisher kennen gelernt hat. Seine etwas längeren Haare rutschen ihm bei seinen Gesten ins Gesicht und lassen ihn etwas unbeholfen erscheinen, obwohl er auf dem Großmarkt einen sehr organisierten Eindruck gemacht hatte.

Als Anna seinen Namen nennt, strahlt er.

„¡Wow, muy bien! Sí, ese es mi nombre. Lo siento, olvidé tu nombre. ¿Cómo te llamas?"

„Soy Anna."

stellt sie sich vor und fügt hinzu:

„Me alegro de verte de nuevo, Javier. ¿También estás esperando a Nino? Recuerdo que se suponía que os veríais hoy."

„Eso es. Pero creo que necesita un momento. Está muy ocupado con el restaurante."

Javier blickt zum Restaurant.

„¿Qué has hecho aquí solo todo el día? La temporada de vacaciones se termina poco a poco, y los turistas no tienen mucho que hacer."

„Bueno, me quedé dormida."

schmunzelt Anna.

„Como cualquier turista, supongo."

Javier lächelt und nickt.

„Sí, tiene sentido. Hoy es domingo."

Anna setzt mit ihrer Tagesbeschreibung fort:

„Hoy fui a dar un paseo por el centro de la ciudad. Estaba en un callejón muy bonito. Hay una panadería francesa y muchas flores coloridas. Me gustó mucho ese lugar."

Javier unterbricht sie aufgeregt:

„No vas a creerlo, pero yo incluso vivo cerca de allí. También me gusta esa esquina."

„¿En serio?"

sieht Anna ihn verwundert an.

„¡Tienes buena suerte! Es muy bonito allí."

„Entonces debes haber estado en el mercado, ¿verdad? Está muy cerca. En verano siempre está lleno de turistas."

„Sí, de hecho, he estado en el mercado. También me gustaron mucho los edificios antiguos. Pero no estuve en un café en el mercado, sino en una calle que lleva un poco más lejos hacia la playa. Es el café „La librería". Me gusta el concepto de la tienda. El ambiente es único, porque por un lado puedes pedir una bebida y por otro lado puedes pedir prestado un libro de las muchas estanterías. Así que puedes combinar dos cosas hermosas."

Javier sieht Anna überrascht an.

„No conozco ese café todavía. No he ido todavía. Debería echarle un vistazo. ¿Dónde está exactamente?"

Anna versucht eine treffende Wegbeschreibung zu formulieren:

„Pasas por el restaurante de Nino hacia el paseo marítimo. Ahí tienes el mapa de la ciudad para turistas perdidos a la derecha y el pequeño callejón a la izquierda. ¿Lo ves?"

Javier kneift seine Augen ein wenig zu.

„¿Te refieres al callejón de donde salen unas personas?"

Anna stimmt ihm zu:

„Exactamente ese callejón. Allí caminas hacia la plaza del mercado. Pero no se camina todo el camino hasta el mercado. Gira a la izquierda en el último callejón antes de eso. Luego caminas unos 100 metros en línea recta antes de tomar el siguiente callejón hacia la plaza del mercado a la derecha. Allí encontrarás el café en el lado izquierdo."

„Perfecto, lo visitaré un día de estos. Gracias, Anna."

Javier dreht sich wieder zu ihr und schlägt ihr vor, im Restaurant mal nach Nino zu sehen.

„Eso suena bien."

antwortet Anna darauf und fragt aus Interesse:

„¿Por cierto, cómo conoces a Nino?"

„Solíamos ir a la escuela juntos."

erzählt Javier.

„Y ahora estamos trabajando juntos."

Er lacht.

„El compra la mayoría de las frutas en mi tienda en el mercado. ¿Y de dónde lo conoces tú?"

„Trabajé aquí hace unos años como au pair en una familia vecina. Así es como nos conocimos."

erklärt Anna.

Sie sieht im Augenwinkel, dass Javier etwas realisiert. Sein Gesicht scheint kurz in seiner

Bewegung zu stocken. Es ist ein komischer Moment. Sie weiß nicht, was Javier mit dieser Information anfängt. Was wusste er? Wusste er etwa, dass Nino und sie einmal ein Date hatten? Anna fragt nicht nach.

11

Im Restaurant finden sie Nino direkt. Er lädt Javier und Anna dazu ein, sich einfach zu setzen, und schlägt vor, dass sie zusammen zu Abend essen könnten. Nino bringt den beiden ein paar Getränke und erledigt noch die letzten Aufgaben, bevor er sich auch in Ruhe zu Javier und Anna setzt.

Sie essen gemeinsam, erzählen sich einige Geschichten und lachen viel. Sie haben eine gute Zeit. Anna fühlt sich auch so richtig im Urlaub angekommen. Gleichzeitig kommt es ihr so vor, als wenn sie die beiden schon seit Ewigkeiten kennen würde.

Nach dem Dessert verabschiedet sich Javier. Anstatt sitzen zu bleiben stehen auch Nino und Anna auf. Sie gehen zum Strand, um sich den bisherigen Stand der Baridee anzusehen.

„Imagínate, Anna."

Nino strahlt voller Energie, während er Anna die Idee näher bringen möchte.

„Aquí es donde estaría el mostrador. Y aquí imagino algunos bancos. También me gustaría que hubiera sillones grandes y cómodos aquí. Sería un ambiente muy relajante."

Nino läuft dort hin, wo er sich die Theke vorstellt und tut so, als würde er Anna bedienen wollen.

„Y, estimada señora, ¿qué podría ofrecerle?"

Anna lacht und steigt ein:

„¿Podría tomar un mojito, por favor?"

Nino verbeugt sich übertrieben, grinst und wird kurz wieder ernst für seinen Einsatz:

„Por supuesto, señora."

Anna kommt die Situation so bescheuert vor, aber es macht ihr auch unglaublich viel Spaß. Nino tut so, als wenn er einen Mojito zubereiten würde und überreicht ihn Anna. Sie nimmt den imaginären

Mojito entgegen, geht ein paar Schritte rückwärts und malt Ninos Idee weiter aus:

„Y aquí podría bailar, ¿verdad?"

Nino nickt:

„¡Oh sí!"

Er kommt von seiner imaginären Theke herüber und fährt fort:

„Podrías oír música y bailar desde aquí hasta el mar. Este sería el perfecto bar de la playa, creo. Mi sueño absoluto."

Er lächelt Anna an und wendet sich dem Meer zu, bis er mit den Füßen im Wasser steht.

„¿Qué piensas, Anna?"

Anna läuft ihm nach:

„¡Creo que sería genial!"

Die beiden spaßen noch ein wenig herum, während sie im seichten Wasser die leichten Wellen auf sich zukommen und an ihre Waden klatschen lassen.

Weil es schon recht spät ist, schlägt Nino schließlich vor:

„¿Qué te parece si volvemos lentamente a casa? ¿Podríamos ir a casa por la playa? ¿Qué opinas?"

Anna weiß, dass der Weg von dem Restaurant nach Hause recht lang ist, doch einen ausgedehnten Strandspaziergang findet sie super. Daher stimmt sie zu und sie laufen los.

„Encuentro tu pasión por tu restaurante y la idea del bar muy impresionante."

sagt Anna. Nino grinst:

„Bueno, lo bonito es que es como mi bebé. Puedo criarlo de la manera que quiera. Por supuesto que tengo que tener en cuenta los deseos de mis padres. Después de todo, ellos crearon el restaurante. Pero especialmente ahora, mientras mi padre está mal de salud, mi familia quiere apoyarme para que me haga cargo del restaurante y aprenda a manejarlo y desarrollarlo. En realidad es un poco como tu situación con la independencia. Con tu propia agencia de traducción también tendrás mucha energía. ¿Tienes ganas de que sea así?"

„Sí, mucho."

sagt Anna bestimmt. Tief in ihr weiß sie, dass sie gerade eher gemischte Gefühle hat. Sie hat wirklich Lust darauf, aber sie beunruhigt auch ihre Beziehung zu ihrer Familie und zu Paul. Denn die sind eher mit Sorge erfüllt als optimistisch.

Bevor sie ihre Antwort ausführen kann, übernimmt Nino:

„Ya ves, tú también deberías ser feliz. Va a ser genial."

Anna freut sich über Ninos positive Haltung. Nach ein paar weiteren Metern fragt Anna ihn, wie es mit seinem Traum von der Kitesurf-Schule aussieht.

„El kitesurfing sigue siendo un hobby por el momento. Me encanta, pero también está bien que me ocupe del restaurante primero."

Er führt seine Gedanken zu seinem Hobby und seinem Leben im Allgemeinen aus. Anna hört aufmerksam zu.

Anna findet es bewundernswert, welche Energie Nino ausstrahlt. Obwohl er natürlich nicht alles in seinem Leben beeinflussen kann, scheint er das Steuer fest in seinen Händen zu halten. Er hat eine wahnsinnig positive Grundhaltung allem gegenüber. Gleichzeitig ist er so ein unterhaltsamer Mann. Schon früher hat sie sich blendend mit ihm amüsiert. In der Hinsicht scheint er sich nicht verändert zu haben. Im Grunde findet sie es sogar schade, dass sie in den letzten Jahren keinen Kontakt mehr hatten. Wie schön wäre es gewesen, das ein oder andere Abenteuer mit ihm zusammen zu erleben? Es wäre mit Sicherheit lustig geworden.

Nachdem Anna gedanklich etwas abgedriftet ist, ruft Ninos abschließender Satz sie zurück in das Gespräch:

„Esos son mis planes por ahora."

Er macht eine kurze Pause:

„¿Qué haremos mañana? ¿Qué te apetece hacer? ¿Qué te gusta hacer?"

Sie überlegt:

„Hmm, ¿podríamos ir a hacer kitesurf? Después de todo, me gusta estar en el agua tanto como a ti."

Anna sieht Nino an, um herauszufinden, was er von dem Vorschläg hält.

„Me encantaría ir a hacer kitesurf. Siempre estoy dispuesto a eso también. ¿Qué más te gusta hacer en tu tiempo libre? ¿Tienes algún pasatiempo que yo no sepa?"

Gewitzt und wie aus der Pistole geschossen, antwortet Anna:

„Me conoces. Me gusta lo mismo que antes. El mar, idiomas, aventuras…"

- Nino beendet Annas Satz mit einer Frage in seiner angenehm dunklen Stimme und blickt sie gewitzt von der Seite an:

„¿Y yo?"

Er macht eine kurze Pause und konkretisiert seine Frage. Dabei scheint hinter dem Witz doch etwas mehr Ernsthaftigkeit zu stehen:

„¿Igual que antes?"

Anna hält inne.

Nino und sie kommen kurz zum Stehen.

Anna sieht ihn an und verspürt ein Kribbeln, das ihren gesamten Körper durchdringt. Ja, sie mochte ihn. Das war ihr eigentlich klar. Sie mochte ihn sehr. Der Moment macht sie verrückt. Sie findet ihn nicht nur charakterlich super, körperlich findet sie ihn auch sehr attraktiv. Das abendliche Licht betont seine athletischen Züge. Anna fühlt sich in dem Moment so sehr zu ihm hingezogen. Was ein Gefühl. Sie spürt, wie ihr Herz pumpt und ihr Körper bebt. Sie würde ihm am liebsten küssend in die Arme fallen.

Doch, sie denkt auch an Paul, ihren Verlobten. Der Gedanke gibt ihr einen Stoß in die Brustregion. Wie kann sie Nino gerade so ansehen, während Paul Zuhause sitzt und auf sie wartet? Sie hat ein schlechtes Gewissen.

Sie ist vollkommen überwältigt von ihren Emotionen und sieht in Ninos wunderschönen, dunkelbraunen Augen, um dann ihre Gefühle möglichst verständlich auszudrücken:

„Me caes bien, Nino. Me caes tan bien como siempre."

Sie lächelt ihn an. Er lächelt zurück, aber merkt auch, dass sie noch fortfahren will. Anna weicht Ninos Blick aus und schaut hinaus auf das weite Meer.

„Para mi eres un muy buen… amigo."

Sie sieht ihn wieder an. Nino nickt und sieht, dass Anna der Moment in eine unangenehme Lage gebracht hat.

„Está bien, no lo decía con esa intención."

erwidert er. Um von der komischen Situation abzulenken, legt er seine Hand auf ihre Schulter, fährt ihren Arm herunter und macht einen Schritt nach vorne, um den Spaziergang fortzusetzen. Anna folgt ihm und tut so, als wenn sie die Frage nicht allzu sehr berührt hätte.

„Bueno, estoy ciertamente muy contento de que hayas venido aquí. Es bueno verte de nuevo y espero que disfrutes de tus vacaciones."

Anna ergänzt

„Sí, definitivamente."

und lässt Nino weitersprechen:

„Cuando estoy de vacaciones, también me gusta hacer deporte. Me gusta más, como a ti, en el mar, por supuesto. De lo contrario, me gusta mucho ir a museos interesantes. ¿Te gusta eso?"

Anna überlegt einen Moment und antwortet dann:

„Sí, depende un poco del museo. Hay tantos tipos diferentes. No me gustan especialmente los que muestran piedras o animales. Pero sí encuentro interesantes los museos que muestran los desarrollos culturales o apelan a otros sentidos. En

Alemania, por ejemplo, estuve una vez en un museo donde se podía experimentar diferentes zonas climáticas con las temperaturas. Eso me gustó mucho. ¿Entiendes lo que quiero decir?"

Nino nickt zur Bestätigung und fügt hinzu:

„Sí, absolutamente. Lo entiendo. Hay grandes diferencias entre unos museos y otros. Hablando de diferentes sentidos: estoy de acuerdo con eso. Una amiga mía abrió una galería hace algún tiempo, donde quería retomar exactamente ese punto. Tal vez te gustaría visitarla alguna vez. Vale la pena, podría darte su contacto."

„Es una buena idea. Podría pasar por allí alguno de estos días. No puedo quedarme en casa todo el día de todos modos."

Anna ist dankbar dafür, dass Nino ihr einige Aktivitäten für ihre Auszeit anbietet. Innerlich ist sie aber noch immer bei ihrem Gefühlschaos, das er zuvor bei ihr angestoßen hat.

Als sie nach einiger Zeit in Ninos Wohnung angekommen sind, legen sie sich direkt ins Bett. Sie ist ganz erschöpft von dem vielen Laufen an dem Tag.

Dort muss sie noch einmal an das Gespräch mit ihm und seine Blicke denken. Er war so verführerisch. Sie hatte ein richtiges Kribbeln im Bauch gespürt - so, als wäre sie verknallt. Das war der Wahnsinn. Aber, wie konnte sie das fühlen, wenn sie mit Paul sogar schon verlobt war? Sie fühlt sich so betrügerisch.

12

Am nächsten Tag klopft es an Annas Tür. Natürlich
ist es Nino, der die Tür vorsichtig öffnet. Er ist noch
dabei, sich anzuziehen, während er Anna erklärt,
dass er leider doch spontan im Restaurant benötigt
wird. Er knöpft sein Hemd in Ruhe zu und verspricht
Anna, dass sie am nächsten Tag gemeinsam
Kitesurfen gehen würden. Anna nickt
verständnisvoll. Und eigentlich muss sie sich sogar
etwas konzentrieren, um seinen Körper nicht
anzustarren. Das Licht scheint im perfekten Winkel
auf seinen starken Oberkörper.

Als die Wohnungstür wenig später hinter Nino zufällt,
steht Anna auf. Umgeben von entspannter Musik
bereitet sie ihr Frühstück zu und setzt sich auf den
Balkon. Dort schreibt sie sich eine To-Do-Liste für
den Tag, damit sie mit ihren Gedanken zu ihrem
Projekt, ihrem eigenen Übersetzungsbüro,
vorankommt. Bis zum Mittag recherchiert sie alle
übrigen Informationen zusammen, um einen
strukturierten Start in die Selbstständigkeit zu
planen. Mittags legt sie ihren Stift, ihr Notizbuch

sowie ihren Laptop zur Seite und ruft Paul über ihr Handy an. Sie wusste, dass er zu dem Zeitpunkt Mittagspause machen würde, daher erreicht sie ihn direkt.

"Hey Anna, wie geht´s?", seine Stimme klingt erfreut. Anna berichtet von den vergangenen Tagen und schwärmt vom Strand. Sie erkundigt sich nach Pauls Situation bei der Arbeit und Zuhause. Natürlich war Annas Idee mit dem Übersetzungsbüro auch ein Thema. Während sie darüber sprechen, spürt Anna, dass ihr Verlobter noch immer nicht besonders begeistert ist. Er führt ein paar Argumente auf, um Anna erneut umzustimmen. Doch sie ist sich sicher. Sie hat die Entscheidung für sich getroffen und wird ein Übersetzungsbüro aufbauen. Obwohl sie danach auch noch über andere Themen sprechen, bleibt die leichte Anspannung.

Nachmittags greift Anna auf Ninos Idee vom Vorabend zurück. Er hat ihr die Adresse und die Kontaktdaten der Kunstgalerie aufgeschrieben, die eine Freundin von ihm eröffnet hat.

Anna geht duschen und macht sich auf den Weg. Es dauert nicht lange, bis sie vor der Eingangstür steht.

Die Tür befindet sich zwischen ein paar großen, abgedunkelten Schaufenstern, die von dunklen Holzbalken umrahmt werden. Von außen macht die Galerie einen etwas altmodischen Eindruck. Der Name sowie eine große Uhr sind in kreideartiger Farbe auf die Eingangstür gezeichnet. "Lecciones", liest Anna und betritt den Empfangsraum.

An einer Art Rezeption steht eine hübsche, dunkelhaarige Frau mit rotem Lippenstift. Sie blickt vom Laptop auf und begrüßt Anna freundlich:

„Hola, bienvenida."

Sie steht auf, um sich Anna zuzuwenden.

„Hola."

antwortet Anna etwas schüchtern.

„Un amigo mío me recomendó esta galería. Así que me gustaría echarle un vistazo."

Die Frau sieht sie so an, als wenn sie Anna erkennen würde:

„Eres Anna, ¿verdad? La amiga de Nino?"

„Sí, así es, soy yo."

bestätigt sie.

„Encantada de conocerte. Nino me ha hablado mucho de ti. Soy Sofía."

sie kommt um die Theke herum und begrüßt Anna noch einmal herzlicher.

„Es un placer conocerte también, Sofía. Nino me dice que abriste la galería hace un tiempo. Es realmente impresionante."

Sie lacht auf eine angenehme Weise.

„Sí, sí, el Nino… me ha ayudado mucho, en realidad. Al principio no estaba segura de poder hacerlo. Me animó y me ayudó con algunas formalidades. Después de todo, ha aprendido mucho del restaurante de su familia cuando se trata de hacer negocios."

Sie hakt sich bei Anna ein und läuft mit ihr zu einem großen Durchgang, der offenbar in die Haupthalle der Galerie führt.

„Ven conmigo, te mostraré la entrada."

Anna fühlt sich direkt wohl bei Sofia. Sie ist ihr sehr sympathisch. Also macht Anna mit und fragt Sofia zu ihrer Galerie aus:

„¿Cómo se te ocurrió la idea de abrir una galería?"

Sofia entfernt sich ein paar Schritte von Anna und zeigt auf eine Zeichnung von einem Schulgebäude:

„Siempre quise ser maestra. Así que estudié español y francés. Incluso pasé un corto tiempo en una escuela después de mis estudios. Pero entonces me di cuenta de que esto no era para mí. Aunque me encanta compartir conocimientos y experiencias, para ser honesta no me llevo bien con los niños. La mayor parte del tiempo estaba ocupada riñendo a los niños y asegurándome de que no pasara nada. Luego estaban los padres, que siempre querían las mejores notas para sus hijos. Básicamente, estaba más involucrada con el drama que con las clases de idiomas."

Sofia macht eine kurze Pause und fragt Anna zwischenzeitlich, ob sie sie überhaupt versteht. Sofia redet nämlich schnell und hat vergessen, dass Anna keine Muttersprachlerin ist. Anna gibt ihr aber zu verstehen, dass sie sich mittlerweile wieder an das Spanische gewöhnt hat. Zwar kann sie längst noch nicht so schnell wie Sofia sprechen, aber zumindest versteht sie die meisten Wörter und somit den Kontext.

Für einen Moment ist Anna wieder ganz bei sich. Sie ist tatsächlich überrascht, wie schnell ihr Spanisch zurückgekommen ist. Das ging schneller als gedacht. Das motivierte sie und wieder einmal stellte sie fest, was sie an den Sprachen so liebte: Plötzlich öffnen sich neue Türen, neue Länder, neue Menschen, neue Geschichten und noch viel mehr.

Anna konzentriert sich wieder auf Sofia, die wieder Fahrt aufnimmt:

„Eso es, me llevó bastante tiempo dejar mi trabajo. Tenía miedo e inseguridad. Pero una vez que tomé la decisión por mí, mejoró. Trabajé en un concepto unas semanas antes de dejar mi trabajo. Mi objetivo era introducir a la gente interesada en el mundo del lenguaje en su belleza. De hecho, tomé un curso de arte en la universidad y me relacioné con muchos profesores de idiomas. Ahora vienen regularmente con sus estudiantes a mi galería. Esto me ayuda mucho a tener seguridad financiera."

Sofia dreht sich mit ausgeweiteten Armen im Kreis und lächelt Anna an:

„Sí, y ciertamente puedes reconocer el tema „escuela" aquí, ¿no?"

Anna sieht sich um. Neben den Zeichnungen findet sie auch einige Kunstwerke in Form von Buchstaben, menschenartige Skulpturen, die offensichtlich aufgeregt wegen ein paar Zeilen Text sind. Außerdem gibt es ein paar Bildschirme in dem Raum, vor denen Sitzbänke mit Kopfhörer platziert sind. An einer Stelle hängen Kopfhörer einfach so aus der Decke. Man konnte unschwer erkennen, dass Sofia eine kreative Ader hatte. Alles war bunt, aber gleichzeitig auch harmonisch aufeinander abgestimmt.

„Sí, de hecho, se puede ver. Realmente tomaste todo lo que hay en una escuela. Las típicas sillas de madera, las mesas pintadas. Así es exactamente como se veían los muebles en mi escuela en Alemania."

„¡Esto es interesante!"

Sofia sieht sie überrascht aus:

„Entonces los estudiantes son probablemente todos iguales en todas partes, ya sea aquí en España o en Alemania."

Anna grinst und erklärt:

„Sí, por supuesto. ¿No es parte de la vida escolar escribir en secreto mensajes en la mesa o hacer dibujos para tus amigos? Al menos eso es lo que solíamos hacer."

„Claro, nosotros también. Era siempre emocionante cuando se sabía quién estaba enamorado de quién."

Anna lacht und versteht Sofia genau:

„Sí, sí, estos romances escolares. Esos eran los días. Lo principal era tener un buen borrador para poder borrar los escritos de las mesas."

„¡Tienes razón en eso! Una compañera de clase, una vez no lo escribió con un lápiz, sino con un rotulador rojo. Su mensaje probablemente aún está en aquella vieja mesa de madera."

Sie zögert kurz, bevor Sofia zu einer Frage Luft holt:

„Adivina de quién estaba enamorada mi compañera de asiento. ¿Qué piensas?"

Anna ist überfordert und zuckt mit ihren Schultern:

„No conozco a nadie aquí. No tengo ni idea."

Im gleichen Moment fällt der Groschen und sie fragt:

„¿Nino? ¿Estaba enamorada de Nino?"

„Exactamente."

lacht Sofia wieder.

„Sí, Nino era un tipo popular antes, pero de alguna manera nunca se interesó por las chicas de nuestra clase. Siempre estaba en el mar haciendo kitesurf. Por eso me sorprendió tanto cuando empezó con su ex-novia."

Anna fühlt sich etwas komisch, aber ist gleichzeitig auch neugierig zu erfahren, was Ninos Freunde früher von ihm bzw. seiner vorherigen Beziehung dachten. Sie selbst hatte ihn schon damals am Pool fälschlicherweise als einen kleinen Player eingeschätzt. Es hat nie lange gedauert, bis er von irgendwelchen Jugendlichen umgeben war. Deswegen fragt Anna nach:

„¿Por qué te sorprendió?"

Sofia rollt ihre Augen und spaziert durch ihre Galerie:

„Bueno, era la chica más guapa de nuestra clase en aquel entonces. Todos querían ser amigos de ella. Incluso yo."

Dabei gibt Sofia sich einen kleinen Klaps auf die Stirn.

„No creo que esa popularidad le haya hecho ningún bien en el pasado. Creo que incluso hoy en día ella cree que es la crème de la crème. Al menos así es como siempre quiso que la trataran o la mimaran. Eso no le conviene a Nino. No es del tipo que le importa cuántos vestidos bonitos tiene una mujer en su armario."

„Ya veo, sí, eso es lo que me dijo. Tampoco puedo imaginar una mujer así a su lado. Probablemente necesita a alguien que sea una aventurera como él."

fügt Anna nachdenklich hinzu.

Sofia sieht Anna erstaunt an und bleibt für einen Moment lang still.

Die Stille kommt Anna erneut komisch vor. Dieses Mal hat sie eher das Gefühl, als stände irgendetwas im Raum, was sie nicht sehen oder verstehen würde. Dabei war Sofias Blick unmissverständlich gewesen. Sie hatte nichts gesagt, nur verdutzt geguckt. An der Sprache konnte es nicht gelegen haben.

Dann läuft Sofia wieder entspannt und mit einem sanften, freundschaftlichen Blick in Annas Richtung:

„¿Qué es lo que realmente te trae a España?"

Sie legt eine Hand auf Annas rechte Schulter.

„Necesitaba un descanso.",

antwortet Anna kurz zusammengefasst.

„Nino me reconoció en la televisión hace unos meses y finalmente me encontró en Internet. Nos escribimos una y otra vez. Luego me despidieron y de repente todo fue diferente de alguna manera. Desde que me despidieron he estado pensando en empezar mi propio negocio."

Anna korrigiert sich:

„Quiero decir, no solo estoy pensando en ello, decidí hacerlo. Voy a abrir mi propia agencia de traducción."

Sofia ist beeindruckt:

„¡Wow, felicidades! Este es un gran paso y estoy contenta por tí. Creo que es genial cuando las mujeres también adoptamos posiciones fuertes."

Anna freut sich über die unterstützenden Worte und fügt etwas schüchtern hinzu:

„Sí, yo también estoy muy emocionada. Espero que todo salga bien."

Sofia sieht überzeugend aus:

„Absolutamente. En mi opinión, lo más importante es que siempre tengas en cuenta tu objetivo. Siempre debes imaginar el mejor escenario. Ahí es cuando sucede. Puedes hacerlo."

Anna bedankt sich für die lieben Worte und läuft entlang einiger Zeichnungen. Dann hört sie Sofia noch ergänzen:

„Y sabes que me encantan los idiomas. Tal vez pueda ayudarte algún día."

„¡Por supuesto! ¡Es una muy buena idea!."

erwidert Anna. Sie berührt ein paar Stifte an der Wand, die zu einem Herzen geformt sind.

„Honestamente, no había pensado en ello en absoluto, pero eso estaría bien. Después de todo, siempre es mejor experimentar algo con más gente. Así se pueden motivar mutuamente y compartir experiencias."

Anna läuft ein paar Meter weiter und berührt ein nächstes dreidimensionales Kunstwerk, das mehrere Ohren hat. Das erinnert sie an den Deutschunterricht und an die verschiedenen Kommunikationsmodelle. Man sieht wirklich an jeder Ecke der Galerie, dass Sofia Sprachen liebt.

13

„¿Anna?",“,"

Sofia beobachtet Anna, wie sie sich durch die Beschreibungen liest. Anna wendet sich ihr zu und nickt, um ihr zu zeigen, dass sie aufmerksam ist:

„Sí, ¿qué pasa?"

„¿Sabías que Nino estaba locamente enamorado de ti? Habló de ti mucho después de que te fueras."

Anna ist perplex. Hat sie das gerade richtig verstanden?

Es war komisch, über Ninos Gefühle von damals jetzt Bescheid zu wissen. Zugleich schmeichelt es ihr auch. Im Grunde war er ja auch ihr erstes richtiges Date gewesen. Sie erinnert sich noch gut daran. Sie war so nervös und aufgeregt.

„No sé, no tuvimos más contacto."

sagt sie schließlich.

„Así que no lo sabía. Pero definitivamente fue un momento emocionante para mí también."

Anna überlegt, wie sie zwischen den Zeilen von Paul erzählen könnte.

„Por eso estoy tan feliz de que hayamos podido revivir nuestra amistad."

Damit hat sie zwar nicht direkt von Paul gesprochen, aber zumindest hat sie Sofia damit aufgezeigt, dass sie heute nur einen Freund in Nino sieht.

Im nächsten Moment klingelt es vorne an der Rezeption.

„Disculpe,"

sagt Sofia kurz und läuft in den Empfangsbereich, um das Telefonat anzunehmen.

Währenddessen läuft Anna weiter und setzt sich einen der Kopfhörer auf. Es erklingt französische Musik. Sie schließt ihre Augen und genießt die herrliche Melodie.

Sprache ist nicht nur ein Mittel, um sich gegenseitig Geschichten zu erzählen, sondern auch ein wundervolles Mittel zum Eintauchen in neue Welten und zum Anregen der Fantasie.

Was wäre gewesen, wenn Anna nach dem Au-Pair-Aufenthalt länger in Spanien geblieben wäre? Wäre sie mit Nino zusammen gekommen? Hätte sie damals Lust dazu gehabt? Ganz bestimmt. Sie fand ihn attraktiv. Er war lustig, manchmal schon fast albern, liebte das Meer und Abenteuer - so wie sie.

Doch für sie schien er gefühlt eigentlich immer unerreichbar. Sie dachte damals immer, dass er ein wahrer Frauenschwarm gewesen wäre. Das hat sich durch Sofias Einschätzungen bestätigt. Sie hatte aber auch angenommen, dass Nino das für sich genutzt hätte. Dem schien nicht so und das überraschte Anna.

Jetzt wusste sie zumindest auch, warum Sofia sie vorher erstaunt und Javier sie am Vortag so merkwürdig angesehen hatte. Er musste auch davon gewusst haben.

Anna versucht die Information zu verdrängen, schließlich war sie ja mit Paul verlobt.

Wenig später kehrt Sofia zurück in den großen Galerieraum.

„Lo siento."

entschuldigt sie sich für die Unterbrechung, während Anna die Kopfhörer zur Seite legt.

„Ningun problema. Mientras tanto, una vez escuché música francesa. Fue muy relajante. Los idiomas pueden ser realmente relajantes para el alma."

Sofia stimmt Anna zu:

„Sí, yo también lo creo."

Nach einer kurzen Pause fährt Sofia fort:

„Escucha, mi vecino acaba de llamarme. Mi perro, Rico, ha saltado a su jardín y no ha vuelto. Así que tendría que ir a casa por un tiempo y cerrar la galería por hoy. ¿Te gustaría ir a tomar un café mañana a la hora de la siesta?"

Anna muss bei der Geschichte mit Sofias Hund kurz lachen:

„Así son las mascotas. Debe echarte de menos. Me encantará que tomemos un café mañana. ¿Cuándo y dónde nos reuniremos?"

„¿Ya conoces el mercado?",

fragt Sofia und erkennt an Annas Nicken, dass sie ihn kennt.

„Entonces nos encontraremos en la fuente del mercado a las dos en punto."

„Suena bien.",

erwidert Anna. Also verlassen die beiden Frauen die Galerie und verabschieden sich mit einem herzlichen „¡Hasta mañana!".

Anna spaziert zu Ninos Wohnung. Bei ihm angekommen setzt sie sich mit einem großen Glas Wasser auf den Balkon, legt ihre Füße hoch und schreibt ein wenig mit Paul.

Als sie sich zum Sonnen auf den Liegestuhl gelegt hat, hört sie, wie Nino die Wohnungstür hereinkommt, seinen Schlüssel ablegt und auf den Balkon kommt.

„¡Buenas noches, Anna! ¿Cómo estás?"

Anna wendet sich Nino zu:

„¡Eh! ¿Muy bien y tú? ¿Cómo fue tu día?"

„Había muchos clientes en el restaurante hoy. Por supuesto que estoy feliz por eso, pero también es simplemente muy agotador. ¿Qué hiciste hoy?"

„Me lo imagino. Entonces al menos podrás dormir bien esta noche."

Anna lächelt Nino aufmunternd an.

„Visité a Sofía en la galería."

„¡Oh, qué bien! ¿Qué te pareció ese lugar?",

162

fragt Nino interessiert und setzt sich nun auch auf einen der Stühle.

„Fue muy impresionante. ¡Sofía es realmente una mujer creativa! Incluso tenemos otra cita para mañana."

„¡Eso es genial! ¿Qué vais a hacer?"

„Nada especial. Queremos ir a tomar un café mañana. ¿Cuál es tu plan para mañana? Tal vez después de ver a Sofía, podría ir a tu casa a tomar un café."

„Eso suena bien. Hagamos algo juntos mañana por la tarde. ¿Quieres ir a hacer kitesurf?"

Anna fasst ihre Sonnenbrille mit einer Hand an und lässt sie ein bisschen auf ihrer Nase herunterrutschen. Mit dem Blick über die Sonnenbrille sieht sie Nino ironisch an:

„¿De verdad me lo preguntas? ¡Por supuesto!."

sie lacht. Anna richtet ihre Brille wieder und fügt hinzu:

„Tengo muchas ganas de probarlo. Sin duda será divertido."

Nino freut sich und verspricht Anna, dass sie es definitiv morgen machen werden.

Nino steht wieder auf und fragt:

„¿Sabes de qué tengo ganas ahora mismo?"

Anna hat keine Ahnung und zuckt mit ihrem Schultern.

„De helado."

antwortet er und bewegt sich zur Balkontür.

„¿Quieres uno?"

Anna sagt im ersten Moment:

„No, gracias"

doch sie bereut es direkt wieder, als sie Nino mit einem leckeren Becher zurück auf den Balkon kommen sieht.

„Creo que tomaré helado después de todo. ¡Eso se ve realmente delicioso! ¿Lo trajiste del restaurante o lo compraste?."

fragt Anna neugierig.

Nino grinst:

„Me siento honrado de que lo pienses, pero desafortunadamente no puedo hacer un helado tan bueno. ¿Te gustaría probarlo?"

Anna nickt mit einem etwas peinlich erwischten Ausdruck in ihrem Gesicht:

„Sí, me encantaría."

Dann sieht sie auf der Suche nach einem zweiten Löffel kurz zum Balkontisch, doch dort liegt kein Besteck, sodass sie Nino fragt, ob sie seinen Löffel nehmen kann.

„Claro, toma mi cuchara.",

antwortet ihr Nino.

Dabei sieht er ihr tief und lange in die Augen, während er ihr den Löffel übergibt. Was ein Moment. Anna spürt ein Kribbeln im Bauch und fühlt sich zu ihm hingezogen. Sie muss an ihr Date von damals denken. Da hat Nino sie auf eine ähnliche Weise in den Bann gerissen, bevor sie sich geküsst hatten.

An ihrem ersten Date liefen sie nach dem Restaurantbesuch entlang der abendlich hübsch beleuchteten Promenade. Sie unterhielten sich über verschiedenste Themen und amüsierten sich gut. Im Augenwinkel sah Anna immer wieder, wie Nino sie länger, als man es gewöhnlicherweise machen würde, ansah. Das machte sie etwas nervös, aber schmeichelte ihr zugleich. Ab und zu trafen sich ihre

Blicke und irgendwann in einem stillen Moment, als sich ihre Blicke wieder trafen, nahm Nino seine Hand und legte sie an Annas Hals, während er ihr näher kam und ihren Kopf zu seinem zog, um sie zärtlich zu küssen.

Anna spürte die Gänsehaut an ihrem gesamten Körper und fühlte sich von den Glücksgefühlen überwältigt. Es war ein sehr romantischer Kuss gewesen.

In dem Moment, als Nino ihr den Löffel für das Eis übergibt, muss Anna genau an die Kusssituation vom ersten Date denken. Was wäre, wenn er sie wieder so küssen würde? Wie würde es sich anfühlen? Waren seine Lippen immer noch so schön weich wie damals? Und wie würde sich sein Drei-Tage-Bart auf ihrem Gesicht anfühlen? Sie stellte es sich bereits lebhaft vor.

Dann zieht Nino sie aus ihren Gedanken:

„Qué rico, ¿no?"

Anna lehnt sich zurück in den Stuhl und nickt.

„¡Sí, delicioso!"

„Solíamos tener esto en casa en el congelador. Mi madre lo compraba todas las semanas durante el verano. ¿La recuerdas? Su cumpleaños es en unos días, por cierto.“

„Por supuesto que todavía la recuerdo. Incluso llegué a conocerla antes que a ti.“

Anna zeigt mit dem Löffel auf Nino und lächelt.

„¿Cuántos años cumple?“,

fragt sie und nimmt noch einen Löffel vom Eis.

„Cada año dice que cumple 30 años. Creo que es por eso que mucha gente no sabe su verdadera edad. Este año, en realidad va a cumplir 51 años.“

„¡Genial! Esa es exactamente la edad de mi madre. Mi madre estaba muy decepcionada con la fiesta de su 51 cumpleaños. Comparada con su 50 cumpleaños, vino mucha menos gente. ¿Tu madre va a hacer una fiesta por su cumpleaños?“

Nino schmunzelt und nickt:

„Sí, en efecto. Siempre invita a toda la familia a su fiesta de cumpleaños. Y cuando le dije que estabas aquí, me preguntó si querías venir también. Así que estás oficialmente invitada. ¿Quieres venir?“

„Sí, ¿por qué no?",

antwortet sie.

„¿Cuándo es exactamente su cumpleaños? Ni siquiera sé si tengo algo adecuado que ponerme.",

gibt sie zu Bedenken.

„Ese debería ser el menor de tus problemas.",

beruhigt er sie.

„Será una fiesta relajada en nuestra casa de campo. Está a unas dos horas en coche de aquí."

„¡Eso suena genial!"

Anna freut sich und schweift wieder in ihre Gedanken ab.

Wenn seine Mutter sie sogar zu ihrem Geburtstag einlädt, was würde das heißen? Nach dem Gespräch mit Sofia wusste sie schließlich, dass Nino früher Gefühle für sie hatte. Wusste seine Mutter das? Das wäre komisch.

Anna beschließt abzuwarten und lässt den Abend mit weiteren Gesprächen mit Nino und noch mehr Eis auf dem Balkon ausklingen.

14

Am nächsten Morgen ist Nino wieder, wie gewohnt, im Restaurant. Also startet Anna ihren Tag entspannt mit einem Kaffee und ihrem Notizbuch auf der Terrasse. Sie sitzt noch eine Weile in der vormittäglichen Sonne, bevor sie sich dazu entschließt, eine Runde schwimmen zu gehen. Nach dem Sport und einer frischen Dusche setzt sie sich an den Küchentisch. Dort arbeitet sie einige Stunden konzentriert an ihrem Laptop, um die nächsten Schritte aus ihrem Plan für die Eröffnung eines Übersetzungsbüros anzugehen. Erstmals geht sie in die Offensive und schreibt potenzielle Kunden an. Damit ist sie bereits einen großen Schritt für sich selbst gegangen. Sie ist sehr stolz und kann es kaum erwarten, wie das Abenteuer als ihr eigener Chef weitergehen wird.

Mittags macht sie sich auf den Weg, um sich mit Sofia zu treffen. Wieder einmal geht sie die Strecke in die Innenstadt zu Fuß. Sie liebt die Ruhe und die Lebensfreude, die dieses Städtchen mit den mediterranen Mauern und den vielen Blumen ausstrahlt. All das zaubert Anna ein zufriedenes Lächeln ins Gesicht, während sie durch die bunten Gassen der Altstadt zum Treffpunkt spaziert.

Beim Marktplatz angekommen, sieht sie bereits, wie Sofia am Brunnen steht. Als Sofia auch sie erblickt, lächelt Anna breiter und begrüßt sie mit einem freundlichen:

„¡Hola Sofía! ¡Llegas muy puntual!",

Sofia legt ihre Sonnenbrille ab und begrüßt Anna ebenfalls:

„¡Hola Anna! Por supuesto, por supuesto. Después de todo, me encuentro con una alemana y dicen que la puntualidad es muy importante para vosotros."

Anna muss über das Vorurteil lachen. Manchmal trifft das zu, manchmal nicht. Sie selbst konnte manchmal so viel Zeit vertrödeln und dann doch unpünktlich sein. Meistens jedoch versucht sie schon, zeitig bei ihren Verabredungen aufzutauchen, um alleine schon die Zeit der anderen zu respektieren. Vielleicht war sie in der Hinsicht wirklich typisch Deutsch. Wer weiß das schon.

Tatsächlich hatte Anna das angeblich typisch spanische Vorurteil auch schon einmal kennen gelernt. Damals als Au-Pair hat sie einmal knapp zwei Stunden auf Carlota und Jorge gewartet. Die beiden wollten sie eigentlich am frühen Abend abholen, doch anstatt dessen sind sie erst sehr viel später beim vereinbarten Treffpunkt aufgetaucht. Sie hatten ein Camping-Wochenende in einem Nationalpark geplant und dafür spontan noch einen riesigen Einkauf erledigt, ohne Anna Bescheid zu sagen. An sich war das kein Problem gewesen, schließlich waren sie so besser vorbereitet gewesen. Aber irgendwie passte die Situation natürlich schon sehr zu dem spanischen Vorurteil.

„¡No es para tanto!",

sagt Sofia schließlich.

„¿Conoces algún buen café por aquí?"

„Sí, en efecto. Recientemente descubrí un café donde se puede tomar café y pedir libros prestados. Así que el café es una especie de biblioteca, y no está lejos de aquí."

„Por supuesto, lo conozco. Este es un café muy acogedor. La dueña, Marta, iba a clase de mi hermana mayor. Se sentaban una al lado de la otra y lo compartían todo. Mi hermana también me dijo una vez que el café era un lugar perfecto para ella. Porque Marta siempre ha estado enamorada de los libros. Lee mucho y es muy inteligente. De hecho, debería haber estudiado en la universidad solo por eso. Pero después del instituto se quedó embarazada y realizó su sueño con este hermoso café."

„Vaya, todo el mundo conoce a todo el mundo aquí, ¿no?",

fragt Anna rhetorisch, schließlich weiß sie, dass das Örtchen vergleichsweise klein ist. Zuhause geht es ihr ja auch so.

Dann fährt Anna fort und fragt Sofia:

„¿Tienes un café favorito o una recomendación de dónde podríamos ir? Me gusta probar algo nuevo."

Sofia zeigt auf eine Ecke am Marktplatz:

„Me gusta el café de la esquina. Creo que el menú tiene unas diez páginas. También hay una gran selección de bebidas. Definitivamente encontraremos algo delicioso allí. ¿Qué piensas?"

„Eso suena bien. ¿Vamos?"

„¡Vamos!",

nickt Sofia und läuft los.

Im Café setzen sie sich in eine bequeme Ecke mit ein paar Sesseln. Wenig später kommt bereits die Kellnerin und fragt:

„Hola a las dos, ¿qué os sirvo? Hoy, los churros con todas las variedades de chocolate están en oferta. Los recomiendo mucho."

„Hola",

sagen Sofia und Anna fast im Chor. Sofia übernimmt danach:

„Quisiera un café helado y una botella grande de agua, por favor."

„Bien, os traeré dos vasos de inmediato."

Sofia stimmt zu und übergibt das Wort an Anna. Während sie auf die Karte zeigt, sagt sie es kurz und bestimmt:

„Un zumo de manzana, por favor."

„¿Grande o pequeño?"

kommt eine beinahe einstudiert klingende Rückfrage.

„Grande, por favor."

Die Kellnerin notiert sich die Bestellung und verschwindet mit einem schnellen

„Ya voy."

Dann wenden sich die beiden Mädels wieder einander zu.

„¿Cómo está tu perro?",

beginnt Anna, nachdem sie kurz darüber nachgedacht hat, an welchem Punkt sie gestern in ihrem Gespräch stehen geblieben waren.

Die beiden halten etwas Small Talk. Dann kommen die Getränke, sie stoßen an und lehnen sich zurück in die fluffigen Sessel.

„¿Cómo van las cosas con Nino?",

fragt Sofia zurück.

„¿Hacéis mucho juntos estos días? Estoy seguro de que él también está ocupado en el restaurante, ¿verdad?"

„Así es. Nino está trabajando ahora mismo. Pero está bien. No espero que se tome vacaciones extra por mi culpa. Pero esta tarde vamos a hacer kitesurf juntos. Estoy deseando que llegue. Y mientras tanto siempre encuentro algo que hacer."

„Ahora lo recuerdo. ¿Vas a abrir tu propia agencia de traducción, no? Me parece muy emocionante. Siento que estoy conociendo más y más mujeres valientes e independientes desde que abrí mi galería."

Anna fühlt sich direkt mit Sofia verbunden. Vielleicht kann sie ihr auch noch ein paar Tipps geben. Schließlich ist sie auch ein Sprachenfan und bereits selbstständig. Daher berichtet Anna ausführlicher von ihrer Kündigung und den Gedanken seitdem. Abschließend fragt sie dann:

„¿Cómo es para ti ser tu propia jefe?"

„Buena pregunta."

antwortet Sofia spontan.

„Básicamente, es una buena sensación al principio. No estoy desempleada. Eso significa que tengo al menos un ingreso. No creo que eso se pueda dar por sentado en los tiempos que corren con nuestra tasa de paro. Por eso estoy en primer lugar muy feliz y agradecida de haber encontrado una manera de ganar dinero. Además, puedo hacer lo que quiera. Eso es, por supuesto, genial. Pero también sé que soy responsable si algo no funciona con la galería. Creo que es importante saberlo. De lo contrario, creo que lo más importante es que tengas pasión por lo que quieres hacer."

Anna nickt verständnisvoll. Das hatte sie mittlerweile auch schon häufig gelesen. Leidenschaft hatte sie für Sprachen. Daran sollte es definitiv nicht scheitern.

Sofia holt noch einmal aus und erklärt:

„Sí, la pasión es probablemente lo más importante. Pero también tienes que seguir con ello, así que algunas cosas solo „hacen". Eso a veces puede ser realmente un gran desafío."

Anna nickt erneut und gibt zum Ausdruck:

„Me lo imagino. Tienes que hacer algunas cosas sencillas, no importa si te apetece o no. Lo sé muy bien. Básicamente comienza con pequeñas cosas como los hábitos: ¿Cuándo me levanto? ¿Qué voy a desayunar? ¿Cómo paso el día? ¿Y qué pasatiempos tengo?"

„Exactamente, eso es lo que pienso. Esto es cierto tanto en mi vida privada como en la profesional. Siempre debes tener tus metas en mente e imaginar el escenario de tus sueños. Entonces las cosas buenas vendrán por sí solas."

Zwar ist es Anna schon immer bewusst gewesen, dass man optimistisch sein soll und sich nicht unterkriegen lassen darf, doch ist die Umsetzung zumeist schwieriger als man zunächst denkt. Sie ist jedenfalls beeindruckt, weil Sofia den Eindruck macht, ihr Leben und vor allem ihr Mindset im Bezug auf die Selbstständigkeit voll im Griff zu haben.

„Solo nos conocemos desde hace poco tiempo, Sofía, pero creo que eres un verdadero modelo a seguir. ¡Estoy muy impresionada contigo!"

Sofia errötet ein wenig und freut sich, das zu hören:

„Gracias, es muy dulce de tu parte. Pero también tengo muchas cosas a medio hacer en mi vida, también soy humana."

Es gibt eine kurze Pause, bevor Anna zu einem brisanten Thema wechselt.

„Hablando de las cosas humanas. En unos días es el cumpleaños de la madre de Nino. Me invitó a su fiesta ayer y tengo que admitir que ni siquiera traje ropa apropiada para la ocasión. ¿Te gustaría ir de compras conmigo en los próximos días?"

„¡Oh, sí, con mucho gusto! Podríamos ir a Valencia. Hay más tiendas allí que en el pueblo."

Anna ist sehr froh, dass Sofia so positiv reagiert. Sie ist ihr direkt sympathisch gewesen und scheinbar geht es Sofia auch so.

Die beiden Frauen plaudern noch eine Weile weiter. Sie sprechen über Valencia, Sofia hat dort studiert und erzählt von ein paar Geschichten, die sie dort erlebt hat. Außerdem sprechen sie auch über die Leute, über Nino und diejenigen, die Anna bereits während ihres Au-Pair-Aufenthaltes kennen lernen konnte. Einige kannte Sofia tatsächlich auch. Die Welt ist wirklich ein Dorf, stellen beide fest.

Das Schwelgen in den Erinnerungen, als Anna als Au-Pair dort war, geht nicht ohne weitere Gedanken an Nino vorbei. Er hat ihr die Zeit damals wirklich versüßt. Es war so aufregend gewesen. Sie war so nervös gewesen, als sie sich die ersten Male unterhalten haben. Er schien ihr so unnahbar, weil er immer umgeben von anderen hübschen Mädels war. Außerdem war die Fremdsprache natürlich eine Barriere gewesen. Doch irgendwie haben sie sich doch sehr gut verstanden und Gemeinsamkeiten gefunden, die sie selbst heute noch verbinden.

Bei ihren Gedankengängen unterbricht sie Sofia mit einer Frage, mit der Anna nicht gerechnet hat.

„Y tienes un novio en Alemania, ¿verdad? ¿Cómo es él?",

fragt sie interessiert.

„Sí, exactamente. Se llama Paul. Es muy trabajador y muy exitoso en su trabajo. Aconseja a sus clientes y no se deja distraer. En general, es una persona muy relajada. Le encanta jugar al golf y le gusta leer todo el día."

Anna erwähnt absichtlich nicht, wie ihr Verlobter aktuell zu ihren Entscheidungen steht.

Sofia mustert Anna kurz und fragt neugierig:

„¿También sabes jugar al golf?"

Während Sofia die Frage stellt, muss Anna erneut daran denken, dass sie eigentlich sehr wenige Gemeinsamkeiten mit Paul hatte. Kurzzeitig spürt sie einige Zweifel hochkommen, doch sie unterdrückt ihre Emotionen und antwortet schnell:

„No, soy demasiado impaciente para eso."

Um den Satz nicht allzu losgelöst stehen zu lassen, fügt sie erklärend hinzu:

„Para este tipo de cosas tengo a Paul. Nos complementamos perfectamente."

Dann trinkt Anna einen Schluck und versucht von ihrer Beziehung abzulenken:

„¿Y tú? ¿Quién es tu príncipe azul?"

Sofia lacht und sieht sich kurz um. Danach wendet sie sich Anna zu und vertraut ihr an:

„Me veo con mi antiguo profesor de la universidad. No tenemos una relación firme, pero es gracioso. También es un cliché: la estudiante y su profesor. Supongo que eso es lo que lo hace tan emocionante."

Anna grinst sie aufgeregt an:

„¡Vaya, qué aventura!"

Das hatte Anna tatsächlich nicht von Sofia erwartet. Sie sieht auf den ersten Blick so gewöhnlich aus. Die Gespräche offenbaren Anna aber, wie mutig und einzigartig Sofia eigentlich ist. Es ist wirklich verblüffend, wenn man sich vorstellt, wie es so viele Menschen gibt, die äußerlich so gewöhnlich wirken, aber ihre Leben so unterschiedlich führen.

15

Mit den Gedanken sieht sie Nino am späten Nachmittag auch an. Sie waren zum Kitesurfen verabredet. Ninos Augen strahlen richtig, als er leichtfüßig auf sein Board steigt.

„¿Estás nerviosa, Anna?",

fragt er sie.

„Sí, un poco. ¿Por qué? ¿Cómo lo sabes?",

fragt sie ihn zurück.

Er zeigt auf ihre rechte Hand.

„Siempre tienes la mano así cuando estás asustada. Recuerdo que solías hacerlo eso cuando saltábamos sobre la fogata."

Er konnte sie gut lesen.

„Es cierto, lo olvidé.",

gibt Anna zu.

„En realidad tengo mucho respeto por el viento. Soy buena con el agua, lo sabes. Pero no tengo experiencia con el viento. Así que esto va a ser emocionante."

„Puedes hacerlo. Estoy seguro de que lo harás.",

ermutigt Nino sie. Dann macht er noch eine weitere Anspielung auf das Springen über die Lagerfeuerstelle früher.

„Ahora, realmente, va a ser difícil quemar ninguna chancla. Así que deberías estar a salvo."

Anna lacht und sieht Nino erwartungsvoll an:

„Bien, bien, entonces profesor, dígame, ¿qué tengo que hacer?"

Nino schüttelt seinen Kopf amüsiert und erklärt Anna die Grundlagen zum Kitesurfen. Die meiste Zeit sind sie am Strand und probieren ein paar Techniken am Lenkdrachen aus. Dabei albern sie herum, als wären sie wieder zwei Jugendliche. Es macht Spaß und so vergeht die Zeit wie im Flug. Nach einer Weile begibt sich Anna in das seichte Wasser, um die ersten Meter auf dem Wasser zu wagen. Nino gibt ihr noch ein paar Anweisungen für den Start und dann geht es los.

Nach anfänglichen Schwierigkeiten schafft sie es sogar, einige hundert Meter vom Kite gezogen zu werden. Es ist ein tolles Gefühl, wie der Wind durch ihre Haare weht und das kühle Nass sie trägt.

Als die Sonne langsam untergeht, packen die beiden zusammen und lassen Annas erste Mal Kitesurfen revue passieren.

„¿Cómo estás?",

fragt Nino sie mit einem stolzen Lächeln im Gesicht.

„Vaya, muy bien. Fue muy divertido hoy. Yo también estoy muy cansada ahora, pero valió la pena."

„Sí, ¿verdad? A mí también me encanta. Es definitivamente agotador, pero es genial. Y adivina qué: Se pone mejor y mejor cuanto más practicas."

Anna lacht ihn glücklich an:

„¡Sí, me lo imagino!"

„¿Volverás para otra lección?",

fragt Nino in einem gewitzten Ton.

„Claro, si puedo obtener un certificado, por supuesto.",

stimmt sie ein und fragt in einem ähnlichen Ton zurück:

„¿Aprobé mi primera lección de hoy o suspendí el examen?"

Nino sieht nachdenklich in die Ferne, danach sieht er Anna wieder an:

„Hmm... has aprobado. ¿Cómo vamos a celebrarlo?"

Anna wirft ihre Arme kurz in die Luft:

„¡Genial! Soy feliz. Vayamos a casa primero, ¿sí? Estoy realmente agotada. Apuesto a que mañana estaré dolorida."

Nino nickt, packt die letzte Tasche zusammen und reibt anschließend seinen Bauch:

„Bueno, podría comer mucho. ¿Y tú qué dices? ¿También tienes hambre?"

„Sí, absolutamente. Y podría beber un par de litros de agua. ¿Tienes agua en el coche?"

„Claro, siempre tengo mucha sed después de hacer kitesurf también. Tengamos una tarde relajada en el sofá de casa. ¿Quieres ir a ver una película?"

„Eso suena bien. Me vendría bien un poco de paz y tranquilidad."

So gehen die beiden also mit einem konkreten Plan für den Abend zum Auto. Anna trinkt die Hälfte von Ninos Wasserflasche und dann fahren sie los.

Kurz vor Ninos Wohnung erinnert er sich daran, dass er am Vormittag darüber informiert wurde, dass der

Aufzug zur Wohnung defekt ist. Daher entschuldigt er sich bereits bei Anna:

„Mira, cuando lleguemos al garaje, el deporte de hoy por desgracia no termina. El ascensor está roto. Tenemos que tomar las escaleras hasta el quinto piso."

Anna versucht das locker zu sehen:

„Oh, Dios, está bien.",

Sie lacht.

„Podemos hacer esto hoy. Así nos habremos ganado nuestro holgazaneo."

„¡Definitivamente!",

stimmt Nino zu.

In Ninos Wohnung angekommen geht es nach den vielen Stufen für Anna erst einmal unter die Dusche. Sie weiß schon, dass sie am nächsten Tag Muskelkater haben wird, sie fühlt sich aber fantastisch. Sie zieht sich eine kuschelige Jogginghose und ein lockeres T-Shirt an und wartet auf dem Sofa auf Nino. Auch er kommt mit frischem Duft in das Wohnzimmer.

„¿Quieres que pidamos algo de comida? No puedo motivarme para cocinar ahora mismo.",

fragt er sie. Er scheint auch erschöpfter zu sein, als sie dachte.

Daher antwortet sie nur:

„Sí, por qué no. Solo espero que no tengamos que esperar mucho tiempo. Tengo muchas ganas de comer."

Nino scheint eine Idee zu haben:

„Un momento, tengo una idea.",

sagt er kurzerhand, schaut auf seine Uhr und zückt sein Handy heraus. Er läuft in die Küche und telefoniert. Kurz darauf kommt er zurück zu Anna in das Wohnzimmer und erklärt ihr seine Idee.

„Tú conoces a Javier. Hoy está en un mercado cercano. Tiene las llaves de repuesto de mi piso. Le pregunté si le gustaría venir y ver una película con nosotros. Trae comida china. Perfecto, ¿verdad?"

„¡Práctico y muy cómodo!",

stimmt Anna zu und lächelt. Sie lehnt sich zurück, auch Nino setzt sich nun zu ihr und breitet sich auf der anderen Seite des Sofas aus. Dann suchen sie sich gemeinsam eine internationale Komödie aus, die beiden gefällt.

Tatsächlich dauert es dann auch nicht lange, bis Javier auftaucht. Er läuft voller Energie in das Wohnzimmer und begrüßt die beiden freundschaftlich.

„Hola Javier, ¿cómo estás?",

fragt Anna höflich.

„Bien, bien. Gracias."

Danach wendet er sich Nino zu:

„Oye, tengo una cita espontánea pronto. Por eso tengo prisa. Os he traído algo de comer. Estaba por el vecindario. Disfrutad de vuestra comida."

Er klopft Nino noch kurz auf die Schulter und verabschiedet sich dann bereits wieder.

„¡Eso fue muy amable por parte de Javier! Solo vino a traer la cena."

Anna ist beeindruckt und sieht Nino an. Er nickt nur und packt sein Essen hungrig aus.

„Sí, siempre puedes confiar en Javier. Es genial."

Der Abend geht langsam zu Ende.

16

Es verfliegen ein paar Tage, an denen Anna sich tagsüber insbesondere auf die Ausarbeitung ihres eigenen Übersetzungsbüros konzentriert. Sie geht einige Male schwimmen und besucht Nino, während er im Restaurant arbeitet. Die Abende verbringen die beiden zumeist gemeinsam auf dem Balkon. Sie trinken ein paar Gläser Wein und unterhalten sich über Gott und die Welt.

An einem weiteren Tag steht das Shoppen mit Sofia an. Dazu holt Sofia Anna kurz vor dem Mittag an Ninos Wohnung ab. Sie trägt einen Helm auf dem Kopf und einen in der Hand:

„Hola Anna. ¿Cómo estás? ¿Todo bien?"

„¡Hola Sofía! Sí, estoy genial. He dormido hasta tarde. No me levanté hasta las 10 en punto. ¿Cómo estás?"

„¡Vaya, qué lujo! Yo también estoy bien. Hice muchas llamadas esta mañana para que algunos profesores se interesaran por mi galería."

„¡Muy trabajadora!",

lobt Anna Sofia und meint überzeugend:

„¡Entonces la parte divertida del día puede empezar!"

„¡Oh, sí! Me traje el casco directamente. Hoy vine en mi scooter. Espero que no sea un problema para ti si nos vamos a Valencia en ella."

Anna ist noch nie mit einem Roller gefahren. Sie stellt es sich aber aufregend vor und freut sich deswegen auf das neue, kleine Abenteuer:

„En realidad nunca he montado en una scooter antes. Pero me gustaría probarlo. ¡¿Así que vamos?!"

Anna greift nach dem Helm in Sofias Hand und grinst sie an. Sofia stimmt ein und meint auf dem Weg zum Roller:

„Sí, no perdamos tiempo."

Die beiden Mädels setzen sich auf den Roller und fahren los. Anna macht es Spaß und genießt es, wie ihre Haare durch den Wind flattern und wie sie die Wellen an der Küste brechen sehen kann.

Mitten in der Innenstadt stellen sie den Roller ab. Von dort aus spazieren die beiden durch die Straßen. Sofia hat schon eine Idee, wohin sie genau gehen könnten, um das passende Outfit für die Geburtstagsparty auf dem Land zu finden.

„¡Mira, Anna! Hay muchas tiendas en esta calle. Estoy seguro de que podemos encontrar algo que te guste aquí. ¿Qué tienes en mente?"

„Me gustaría comprar un bonito vestido de verano. Un vestido con un hermoso patrón. Tal vez en rojo. Se supone que el clima será muy cálido mañana. Así que me gustaría comprar algo ligero."

„Eso tiene sentido. Yo también prefiero llevar vestidos en verano. A menudo encuentro los pantalones incómodos. Podríamos probar varias cosas."

Die beiden steuern auf das erste Geschäft zu und sehen sich nach Kleidern um.

„¿Qué piensas de este, Sofía?",

fragt Anna, als sie das erste Kleid in die Hand nimmt, welches ihr auffällt. Es ist ein knallrotes Kleid mit weißen kleinen Blümchen.

„¡Genial y valiente! ¡Pruébatelo para ver tu talla!"

Anna legt es auf ihren linken Arm und sieht sich weiter um. Sie findet auch noch ein Kleid, das hauptsächlich marineblau ist, aber einige grüne Blumen mit gelben Akzenten hat. Sofia hat in der Zwischenzeit auch ein paar Kleider gesammelt.

„Te gustan las flores, ¿verdad? Hasta ahora solo has elegido vestidos con flores."

Anna lacht, weil sie darauf nicht aktiv geachtet hat:

„Sí, es verdad. No me había dado cuenta de eso. Las flores van con el verano. Tal vez sea por eso."

„Me di cuenta antes. Por eso tomé esta falda azul con las flores blancas. Creo que va perfectamente con tus ojos. Imagina esos pendientes. Creo que se verían muy bien con esa falda."

Anna sieht sich die den Rock sowie die Ohrringe an.

„Sí, oh, Dios, esa falda se ve preciosa. Definitivamente me la probaré. ¡Realmente, muy bonita! Pero con unos pendientes tan grandes siempre tengo miedo de que sean demasiado pesados para mis orejas. Me gustan más los pendientes simples y ligeros."

„Ya veo, volveré a poner los pendientes donde estaban. ¿Qué tal un collar entonces? Creo que los accesorios incluían un collar de ese tono de azul."

„¡Suena bien, gracias!"

Anna freut sich über Sofias Unterstützung. Sie selbst sieht nicht nur modisch aus, sondern scheint auch eine sehr gute Beraterin beim Shopping zu sein.

Nachdem die beiden durch ein paar weitere Gänge gegangen sind und noch zwei weitere Sommerkleider gefunden haben, schlägt Sofia vor:

„¿Vamos a hacer una prueba?"

Anna nickt und läuft bereits in die Richtung. Dabei passiert ihr das Peinlichste überhaupt.

Sie bleibt mit einem Bügel in einem weißen Seidenkleid an einer Stange hängen, stolpert und versucht sich an einem der Kleiderständer festzuhalten. Es nützt nichts. Sie fällt und hört, wie das weiße Kleid reißt. Das Spektakel ist recht laut, sodass die Inhaberin des Geschäftes direkt auf sie zugelaufen kommt. Sofia versucht ein Grinsen zurückzuhalten und fragt Anna, wie es ihr geht. Anna hat kaum Gelegenheit, um ihr zu antworten. Denn die Besitzerin des Geschäftes steht vor ihr. Sie hat ihre Arme verschränkt und ist sichtlich verärgert, als sie das zerrissene Kleid sieht.

„¡Torpe! ¿Cómo ha podido hacer esto? Este es un vestido único. ¡No puede ser reemplazado!"

Anna tut es unfassbar leid, ist jedoch auch recht überrumpelt von der plötzlichen Beschimpfung der Verkäuferin. Sie versucht, der Situation etwas Spannung zu nehmen:

„¡Disculpe! No fue a propósito. Siento mucho que el vestido esté roto."

Doch Annas Versuch zeigt keine Wirkung. Die Verkäuferin ist noch immer in Rage:

„Tendrá que pagarme por esto. He estado buscando un modelo así durante mucho tiempo y estaba tan emocionada de ofrecerlo a mis clientes habituales."

Anna tut es wirklich leid und ärgert sich über ihre Tollpatschigkeit. Sie sieht kurz auf den Boden, um sich zu sammeln. Sie will sich nicht von den Emotionen der Verkäuferin mitreißen lassen. Daher fragt sie schuldbewusst:

„¿Cuánto cuesta el vestido?"

Sofia sieht auf das Etikett und sagt eingeschüchtert:

„Cuesta 199 euros."

Anna steht auf und sortiert ihre Kleidung, die sie vor wenigen Sekunden erst gespannt anprobieren wollte. Sie läuft zur Kasse und bezahlt die 199 Euro für das zerrissene Kleid. Danach hebt die Verkäuferin das weiße Seidenkleid auf und bringt es in das Lager.

Anna fühlt sich schlecht. Nicht nur wegen der Verkäuferin, die ihr lang ausgesuchtes Kleid verloren hat, sondern auch wegen des Geldes. Schließlich ist sie aktuell arbeitslos. Natürlich hat sie glücklicherweise ein gewisses Polster, doch das wollte sie nicht für irgendwelche Missgeschicke aus dem Fenster werfen.

Sofia sieht, wie Anna ihr Portemonnaie traurig in ihre Tasche steckt und fragt:

„¿Todavía quieres probarte ropa?"

Anna gesteht:

„En realidad ya no tengo ganas, pero ahora ya estamos aquí en Valencia. Así que hagámoslo con calma."

„Bien.",

nickt Sofia, klopft Anna auf die Schulter und sagt in einer etwas leiseren, verständnisvollen Stimme.

„Eso puede pasarle a cualquiera. Pero la dependienta también es muy grosera. Así que no te preocupes."

Sofia ist Anna wirklich an ihr Herz gewachsen. Daher ist sie froh, dass sie sie getroffen hat.

„Gracias, Sofía. Es muy dulce de tu parte."

In der Umkleide wechselt Anna von dem einen zum nächsten Kleid.

Als erstes zieht Anna das rote Kleid an und präsentiert es Sofia. Während sie sich im Spiegel betrachtet und ihre Arme hebt und senkt, fragt Anna Sofia:

„Las mangas son algo raro, ¿no?"

„Sí, yo también lo creo. Podrías ir a una fiesta de los 80 con ellas, pero tal vez no a un cumpleaños en estos días."

Sofia lacht erheitert. Und damit sind sich die beiden einig, dass es nicht das Kleid wird.

Weiter geht es mit dem nächsten. Sofia findet es hübsch. Anna gefällt es nicht zu 100%. So folgt das nächste.

Bei dem blauen Rock, den Sofia ausgesucht und mit den Ohrringen präsentiert hatte, bleiben die beiden stehen.

„La falda se ve muy bien. Realmente resalta tu cintura. ¿Qué piensas?"

„Sí, a mí también me gusta mucho. ¡Mira cómo vuela!",

fordert Anna Sofia auf, während sie sich dreht.

„¿Me pasas la cadena azul? Me gustaría ver cómo se ven juntos."

„Sí, claro, un momento."

Kurz nachdem Sofia aufgestanden ist, hält sie für einen Moment lang inne und wendet sich Anna wieder zu:

„Oye, tengo otra brillante idea para la parte superior. Compraste el vestido de seda blanca. La vendedora se lo llevó al almacén, pero en realidad es tuyo. Podríamos hacer un bonito top con el vestido.

Puedes metértelo en la falda y... ¡voilá! ¡Un traje genial!"

„Me alegro de que seas tan creativa. ¡Eso suena genial, Sofía! ¿Preguntas tú por el vestido blanco?"

Sofia nickt und verschwindet, um mit der Verkäuferin zu sprechen. Wenig später kommt sie mit der blauen Kette sowie dem Seidenkleid wieder. Die Verkäuferin hat es grob in zwei Teile geschnitten. Das obere zieht Anna sofort an. Wie der Zufall so will, passt es ihr wie angegossen.

„¡Wow, esto queda fantástico!"

Damit war die Entscheidung gefallen. Auch Sofia gefällt das Outfit unheimlich. Also konnten die beiden Frauen den Laden wieder mit fröhlicherer Stimmung verlassen.

17

Anna und Sofia spazieren noch weiter durch die Einkaufsstraße und sehen sich noch weitere Geschäfte an. Sofia findet dabei noch ein T-Shirt sowie ein passendes Armband. Als sich die beiden nach dem vielen Laufen auf eine Parkbank setzen und entspannen, ruft Nino Anna an.

„Hola Anna, ¿cómo estás? ¿Todavía estás en Valencia?",

fragt er mit einer aufgeregten Stimme.

„Hola Nino, todavía estamos en Valencia. Estamos ahora sentadas en el parque disfrutando del sol. ¿Qué pasa?"

„Conoces a Jorge y Carlota de los viejos tiempos, ¿verdad? Estuvieron en el restaurante hoy. Hablamos y pensamos que podríamos ir a Valencia juntos más tarde. ¿Te gustaría que fuéramos a un bar de allí más tarde? ¿Le parece bien a Sofía? ¡Ella puede venir con nosotros!"

Anna sieht Sofia an und fragt sie kurzerhand.

Dann kommt sie auf Nino zurück:

„Eso suena genial. Hagámoslo así. ¿Cuándo nos encontramos aquí? ¿Y dónde nos vamos a encontrar exactamente?"

„Pensamos que podíamos encontrarnos a las 20:00 en el puentecito del Ciudat de las Artes. Por la noche siempre está muy bien iluminado. Así podemos ir a dar un paseo por allí y más tarde encontrar un bar. ¿Qué piensas de eso?"

„Suena bien. Se lo haré saber a Sofía y te veré más tarde a las 20:00."

„¡Perfecto, que tengas un buen día!"

„Gracias, igualmente. Hasta luego!"

Genau diese Spontanität liebt Anna. Sie freut sich darauf, auch am Abend noch etwas zu unternehmen und nicht, wie Zuhause gewohnt, sich nach dem Abendessen auf die Couch zu setzen und zu lesen oder mit Paul gemeinsam fernzusehen, bis sie ins Bett gehen.

Nach einer ausgedehnten Pause im Park, entschließen sich Anna und Sofia dazu, zum Roller zurück zu laufen und damit noch etwas durch die Stadt zu fahren. Sofia will Anna ein paar schöne Ecken der Stadt zeigen, die sie während ihres

Kunstkurses an der Universität kennen und lieben gelernt hat.

Auf der Fahrt breitet sich wieder ein großes Lächeln in Annas Gesicht aus. Sie ist so dankbar dafür, dass Nino sie nach Spanien eingeladen hat und ihr es ermöglicht, so viel Tolles zu erleben. Natürlich gilt der Dank auch Sofia. Schließlich hat sie Anna bereits so viel zum Lachen gebracht. Sie schätzt ihre positive Energie wahnsinnig und sieht sie auch als Vorbild, was ihren Schritt in die Selbstständigkeit angeht.

Langsam aber sicher bricht der Abend an. Anna und Sofia haben sich im Supermarkt ein Baguette, etwas Käse sowie Tomaten gekauft und eine "deutsche Brotzeit" am Strand eingelegt.

Um 20:00 treffen sich Anna und Sofia mit Nino, Jorge und Carlota. Anna ist schon gespannt, weil sie Jorge und Carlota schon so lange nicht mehr gesehen hat. Die zwei Mädels sind als erstes am Treffpunkt und warten dort auf die anderen drei.

Dann erblickt Anna drei Gestalten, die entlang des hellblau glänzenden Wassers der Ciudat de las Artes laufen. Das müssen sie sein. Je näher sie kommen, desto sicherer ist sie sich. Nino erkennt sie natürlich direkt. Carlota und Jorge haben sich auch kaum verändert. Carlota hat nun längere Haare als früher, aber sieht immer noch nach der sympathischen Frohnatur aus, die Anna in ihrer Au-Pair Zeit ebenfalls am Pool kennen gelernt hat. Jorge hat ein kleines Bäuchlein bekommen, strahlt dennoch von einem Ohr zum anderen.

Nach einer Begrüßungsrunde ergreift Nino das Wort.

„Hablé con un amigo esta tarde que tiene un bar cerca de aquí. Ofrece deliciosas tapas con las bebidas. Me encanta su comida. Así que, podemos ir allí. ¿Qué pensáis?"

Jorge antwortet stellvertretend für alle:

„Si dices que su bar es bueno, ya tenemos una respuesta. Tenemos que ir allí. Nino siempre conoce los mejores lugares para comer y beber."

Die anderen lachen, während Nino rückwärts läuft und mit seinen Händen zu sich winkt:

„¡Bueno, allá vamos!"

Jorge folgt ihm direkt und spricht mit Nino in der vordersten Reihe. Carlota kommt zu Anna und Sofia:

„Anna, ¡es realmente genial verte de nuevo! Hace mucho tiempo que no hablamos de verdad."

Anna nickt:

„Así es. ¡Han pasado años! ¿Conoces a Sofía?"

Carlota sieht Sofia an und lächelt:

„He oído hablar de Nino por ti antes. Pero no nos conocemos. Abriste una galería, ¿verdad?"

Sofia stimmt dem zu und stellt sich kurz vor. Dann wendet sich Anna an Carlota:

„¿Y qué ha pasado en tu vida desde la última vez que nos vimos?"

Carlota schaut kurz nachdenklich in die Luft, bevor sie anfängt zu antworten:

„Bueno, el año que nos conocimos, empecé a estudiar medicina en Madrid. Así que en los últimos años pasé mucho tiempo en las bibliotecas, mirando una estantería tras otra. He leído muchos libros y he bebido mucho más vino. Incluso pasé un semestre en Alemania. Estaba cerca de Frankfurt y allí bebía cerveza además de vino."

Sie lacht.

„Había muchas fiestas. Ciertamente puedes imaginarlo. Sí, y ahora estoy haciendo unas prácticas aquí en la región. Por eso estoy en casa ahora mismo. ¡Anna, tenemos tanta suerte de vernos ahora!"

Carlota klatscht vor Freude in die Hände und strahlt Anna an. Carlota war total die alte, stellt Anna für sich fest. Sie sprudelt noch immer voller Energie. Dann fragt Carlota Anna:

„¿Y qué hay de ti, Anna? Nino ya me ha contado algunas cosas, pero creo que será diferente si lo resumes una vez más en tus palabras."

Anna beginnt mit ihrer Geschichte. Sie erzählt ebenfalls vom Studium, sie spricht von Paul und von ihrem Plan, sich selbstständig zu machen.

„¡Wow, eso es genial! Eres una verdadera mujer de poder, Anna!",

fasst Carlota ihren Eindruck am Ende von Annas Erzählung zusammen.

Als nächstes drehen sich Jorge und Nino um, um anzudeuten, dass sie bei der Bar von Ninos Bekannten angekommen sind. Sie treten als Gruppe gemeinsam ein und fragen nach einem Tisch für fünf.

Es dauert nicht lange, bis Ninos Bekannter am Tisch erscheint und Nino begrüßt.

Ninos Bekannter begrüßt auch die anderen in der Runde. Nino stellt Anna dabei insbesondere vor, weil sie mit ihrem nördlichen Look hervorsticht.

„Esta es Anna, por cierto. Ella viene de Alemania y nos visita por unos días."

Ninos Bekannte sieht Anna kurz an und fragt Nino:

„¿De dónde viene? ¿De Alemania? ¿Habla español?"

Da schaltet sich Anna selbst einmal ein:

„Sí, hablo español. ¡Es un placer conocerte! Me llamo Anna."

Ninos Bekannter ist begeistert:

„¡Wow! ¡Genial! ¡Bienvenida! También me alegro de que tú, o mejor dicho, todos vosotros estéis aquí hoy. Soy Nacho. Conozco a Nino desde siempre. Nuestros padres son amigos."

Er sieht in die Runde, um niemanden auszuschließen und legt anschließend seine Hand auf Ninos Schulter.

„Voy a llamaros a nuestro mejor camarero ahora mismo. Os traerá todo lo que vuestro corazón desee. Tengo que volver a la parte de atrás del bar. La primera ronda va de mi parte. Disfrutad de la comida."

Jorge stößt einen leisen Freudenschrei aus. Er bedankt sich genauso wie die anderen mit einem lauten

„Gracias."

Nacho nickt nur und winkt, während er wieder zur Theke läuft.

Wenig später kommt ein Kellner zum Tisch. Er stellt sich auch direkt vor:

„Hola, soy David. Hoy soy vuestro camarero. Por cierto, aquí está la carta. Os daré algo de tiempo para que la miréis."

Erneut bedanken sich alle.

Nino lehnt sich über den Tisch, als wenn er ein Geheimnis zu lüften hätte:

„Chicos, también tenemos que pedir unas tapas. ¡Son muy deliciosas aquí!"

Nino hat die anderen schnell überzeugt und schlägt ein paar der Tapas vor. Schnell sind danach ein paar Schalen sowie die Getränke bestellt.

Da Anna noch nicht auf den aktuellsten Stand war, was Jorge in den letzten Jahren getrieben hat, fragt sie ihn direkt:

"Me parece muy emocionante escuchar lo que todos vosotros habéis hecho en los últimos años. ¿Y tú, Jorge? ¿Todavía vives por aquí?"

„Sí, he vuelto. Estudié en Madrid como Carlota. Fue un gran momento. Siempre estábamos de marcha. La vida en una gran ciudad era muy guay, pero también muy cara si no tenías un trabajo. Después de la graduación, busqué un trabajo durante mucho tiempo. Fue muy frustrante y, como dije, muy caro. Por eso me sentí aún más feliz cuando encontré un trabajo en Valencia. Ahora puedo volver a vivir con mis padres y ahorrar algo de dinero.“

„¡Me alegro por ti, Jorge! ¿Qué haces ahora?“

„Estoy en el negocio de los medios de comunicación. Aconsejo a las empresas sobre la mejor manera de colocar su publicidad. Encuentro esto extremadamente excitante. Aprendes mucho, pero también trabajas mucho. A veces colaboro en varios proyectos a la vez y no llego a casa antes de la medianoche. Eso es agotador porque no tengo tiempo libre entonces. Aún así, tengo que decir que me encanta. Mis compañeros del trabajo son divertidos. Creo que eso vale mucho."

Dass Jorge zu so einem Arbeitstier geworden ist, hat Anna nicht erwartet. Sie hat ihn zumeist als einen lockeren, offenen Kumpeltypen eingeschätzt. In jedem Fall macht er aber einen glücklichen Eindruck, was sie freut.

Nino scherzt und fügt hinzu:

„Y una colega es particularmente graciosa, ¿no?"

Die Runde lacht und weiß Bescheid.

Jorge gibt zu:

„Sí, trabajo con mi novia. Pero oye Nino, dime, ¿cómo es que Anna ha vuelto a España?"

Anna spürt ein Kribbeln in der Magengegend.

Sie fühlt sich als wäre sie wieder das Au-Pair von früher. Als wenn Jorge, Nino, Carlota und sie wieder am Lagerfeuer säßen und Späße machen würden.

Als wenn Nino heimlich ihre Hand halten und sie gelegentlich küssen würde.

Diese Gedanken bringen sie in Verlegenheit. Sie errötet und realisiert in dem Moment, wie komisch ihr Besuch eigentlich war. Sie ist vergeben. Ihr Freund war in Deutschland. Hier in Spanien schienen sie alle in der Zeit stehen geblieben zu sein, in der sie noch Ninos Flirt war.

Auf die eine Weise findet sie das ganz unangenehm und so, als würde sie ihren Verlobten Paul betrügen. Doch irgendwie fühlt sie sich auch wohl, geschmeichelt und mag den Gedanken, an Ninos Seite zu sein. So wie früher.

Nino sieht Anna an. Sie sieht ihm tief in die Augen.

Ihr gesamter Bauch zieht sich zusammen und ein explodierendes Feuerwerk verteilt sich in ihrem Körper in alle Richtungen. Bis in die Beine. Ihre Knie sind ganz weich. Ihr ist heiß und kalt gleichzeitig. Wie konnte Nino bloß auch nach so langer Zeit solche Gefühle in ihr auslösen?

Sie fühlt sich so sehr zu ihm hingezogen. Sie könnte ihn auf Anhieb küssen, umarmen und mit ihm verschmelzen. In ihrem Kopf ist sie schon zehn Schritte weiter.

Doch Nino dreht sich wieder zu Jorge und erzählt davon, wie es zustande kam, dass Anna nach Spanien gereist ist.

„Bueno, en realidad fue una divertida coincidencia. Hace unos meses, vi un reportaje en la televisión sobre el día de San Patricio en Dublín. Salían algunas personas entrevistadas en la calle. Y entre esa gente, me fijé en una joven y bonita mujer. Vi enseguida que era nuestra aventurera Anna, a la que no veía desde mucho tiempo."

Er sieht kurz zu Anna herüber. Annas Körper bebt wieder.

„En el reporte, mostraron su nombre. Así que lo escribí. Hasta ese día, conocía a Anna solo como Anna. Sin apellido. Así que la busqué en Internet y la encontré. Nos escribimos durante los últimos meses y luego Anna vino a visitarnos. Y aquí estamos. Una locura, ¿verdad?"

Alle blicken herüber zu Anna.

Sie lächelt und zuckt mit den Schultern, um die Situation weniger komisch zu machen.

Sofia scheint sich in Annas Lage gut hineinversetzen zu können. Daher führt sie das Gespräch fort:

„Sí, es una locura. ¡Pero me alegro de que haya sucedido! Anna y yo lo pasamos muy bien en Valencia hoy."

Carlota fragt interessiert:

„Oh, claro, fuiste de compras hoy, ¿verdad? ¿Qué encontraste?"

„Sí, exactamente.",

antwortet Sofia.

„Compré una camiseta rosa y una pulsera a juego. Anna una falda azul y un collar azul y …"

Anna fällt ihr ins Wort, um ihren Satz zu beenden:

"Y yo he hecho el ridículo. Sabes muy bien que a veces puedo ser bastante torpe."

„Oh, sí, solo voy a decir…",

ruft Jorge und hustet gewitzt:

„chanclas quemadas."

Damit hat Jorge sich einen Lacher gesichert.

„Eso es.",

stimmt Anna ihm zu.

„Bueno, hoy me las arreglé para destruir un vestido de seda blanca que cuesta unos 200 euros. Me caí en una tienda y lo rompí."

Nino verdeckt seine Augen kurzzeitig mit einer Hand und sieht Anna daraufhin durch seine Finger mit einem mitfühlenden Gesichtsausdruck an.

„Eso fue muy embarazoso.",

ergänzt Anna.

Sofia fügt hinzu:

„La vendedora fue muy poco amable. No te lo puedes imaginar. Incluso llevó el vestido de seda al almacén después, aunque Anna tuvo que pagarlo. De todos modos, al final salimos de la tienda con la falda azul, el collar azul y el caro vestido de seda blanca."

„Vaya, parece que hoy habéis hecho algunas cosas.",

gibt Carlota zu.

„Yo casi me quedo dormido durante mis prácticas de hoy."

Die fünf Freunde unterhalten sich noch den ganzen Abend bis tief in die Nacht.

Carlota erzählt von ein paar aufregenden Situationen aus ihrem Praktikum im Krankenhaus. Jorge trägt immer wieder mit dem ein oder anderen lustigen Spruch bei. Nino berichtet ebenfalls von einigen Lachgeschichten aus dem Restaurant und Sofia ergänzt immer mal wieder durch Anekdoten aus ihrem Galeriealltag.

Und Anna stellt sich immer und immer wieder die gleiche Frage: War ihr Besuch bzw. die ganze Geschichte mit Nino ihr Schicksal? Das konnte ihr wohl niemand beantworten.

18

Am nächsten Morgen wacht sie von der Sonne auf. Die Sonnenstrahlen zeichnen sich auf ihrem weißen Bettzeug ab. Sie streckt sich, öffnet das Fenster und kuschelt sich noch ein letztes Mal in die gemütlichen Kissen. Da klopft es an ihrer Tür. Es ist Nino. Er ist noch im Pyjama und hat einen Kaffee in der Hand.

„Acabo de oír algo en tu habitación. Así que me imaginé que estarías despierta. ¿Quieres un poco de café?"

„Sí, me encantaría.",

antwortet ihm Anna.

„Yo también me levantaré enseguida."

„No te preocupes, todavía es temprano para nosotros para haber estado fuera tan tarde anoche."

„¿Qué hora es?"

„Son solo las 9:30. Todo con calma. Todavía tenemos mucho tiempo para ir a casa de mi madre sin prisas."

„Perfecto.",

erwidert Anna und lächelt Nino an. Er grinst zurück und läuft in die Küche. Anna steht auch auf und folgt ihm. Neben dem Kaffee hat Nino ein paar warme Schoko-Croissants aus dem Ofen vorbereitet.

„¡Oh, huele maravilloso!",

lobt Anna.

„Dime, Nino, ¿qué le vamos a llevar hoy a tu madre? No tengo un regalo."

„Estaba pensando que podríamos preparar un plato de tapas. Estuve comprando para el restaurante otra vez ayer por la mañana. Así que hablé con Javier sobre ello. Me recomendó una selección de jamón, queso y aceitunas. También conseguí un poco de pan, algunas salsas y fruta fresca. Mira, mi nevera está llena. Creo que haremos muy feliz a mi madre con esto. Le encanta la buena comida."

„Suena bien. Dime cómo puedo ayudarte.",

schlägt Anna vor.

„Bien, desayunemos primero. Entonces podemos encargarnos del regalo."

Anna genießt es. Das Frühstück, das Snacken beim Erstellen der Tapas und das viele Lachen mit Nino.

Erneut kommt es ihr so vor, als wäre seit der Au-Pair-Zeit nicht viel passiert. Sie waren noch genau die gleichen, die sich über Kleinigkeiten schlapp lachen konnten.

Wenig später machen sich beide für die Fahrt zur Geburtstagsparty von Ninos Mutter bereit. Anna zieht den blauen Rock mit den weißen Blümchen, das weiße Seidenoberteil sowie die blaue Halskette an, welche sie mit Sofia in Valencia gekauft hat. Ihre Figur sieht darin wirklich umwerfend aus, denkt sie sogar selbst. Danach packt sie ihre Tasche weiter, weil sie eine Nacht in dem Ferienhaus von Ninos Familie auf dem Land übernachten würden. Ihren Koffer, mit dem sie hergereist war, packt sie auch schon einmal. Denn nach der Rückkehr würde sie nur noch eine Nacht in Ninos Wohnung verbringen und dann auch schon wieder zurück nach Deutschland fliegen.

Gegen Mittag bringen sie alles, was sie für die Party brauchen, in Ninos Auto und machen sich auf den Weg. Zunächst fahren sie die bekannten Straßen entlang. Irgendwann entfernen sie sich zunehmend von der Stadt und sehen mehr Felder als Häuser.

„He olvidado por completo cómo es la vista desde aquí.",

gibt Anna zu, während sie durch ihr geöffnetes Fenster nach draußen in die Ferne sieht und ihren Arm auf der Tür abstützt.

„El paisaje es realmente hermoso."

„Sí, eso es. No voy al campo lo suficiente. Hay algunos pueblos tranquilos aquí que son perfectos para relajarse."

Es weht eine leichte Brise, die Anna durch ihre langen blonden Haare flattern lässt. Sie genießt den Ausblick und sieht den vielen mediterranen Häusern hinterher. Sie wirken so entspannt und ausgeglichen. Das Leben dort muss in einem ganz anderen Tempo ablaufen, denkt sie sich. Viel langsamer als das Lied, das im Radio beginnt. Anna erkennt es an seinem markanten Beat am Anfang. Also dreht sie das Radio lauter und beginnt auf ihrem Sitz mit ihren Armen zu tanzen.

Nino lacht sie an und macht mit, soweit es am Steuer möglich ist. Beide singen und ahmen die Situationen nach, über die gesungen wird. Das geht noch einige

Lieder so, bis sie weniger Empfang haben und das Radio nur noch stückchenweise Musik von sich gibt.

Daher fragt Nino sie:

„¿Podrías por favor apagar la radio? No es divertido escuchar música de esa manera."

„Sí, a mí también me ha estado molestando un poco."

Sie schaltet es aus und lehnt sich wieder zurück in ihren Sitz.

„Bueno, ahora tendremos que hablar."

„¡Oh no! Odio eso.",

ruft Nino ironisch und fügt hinzu:

„No, es divertido. Entonces dime algo gracioso. ¿Qué fue lo más embarazoso que te pasó en la universidad?"

Anna überlegt und runzelt ihre Stirn:

„Es una buena pregunta. Creo que hay muchas historias."

Dann fällt ihr eine ein.

„Vale, tienes que prometer que no te reirás. Eso fue realmente muy embarazoso.",

kündigt sie an.

„No estoy seguro de poder prometerte eso. Pero tengo curiosidad, dime.",

ermutigt Nino sie.

„Bueno, cuando era estudiante, vivía en un dormitorio. Otros cinco estudiantes vivían en mi dormitorio. Había tres chicos y otra chica. Cada uno tenía su propio dormitorio, pero compartíamos la cocina y el baño también."

„Bien.",

nickt Nino und kann den lustigen Moment nicht erwarten.

Anna fährt fort:

„Una noche me senté en mi escritorio en mi habitación durante mucho tiempo porque tenía un examen importante al día siguiente. En algún momento, yo estaba cansadísima. En ese momento solo quería ducharme e irme a la cama lo antes posible. Sí, así que fui al baño con mi toalla y me duché. Después me dirigí a la puerta de mi habitación. Estaba cerrada con llave. Así que estaba de pie fuera de la puerta de mi habitación cerrada, cubierta con mi toalla. Intenté abrir la puerta varias veces. Nada funcionó. Así que llamé a uno de mis compañeros de cuarto. No pasó ni un minuto antes de que todos los chicos estuvieran de repente en el pasillo. Todos querían ayudarme mientras estaba casi desnuda. Estaba muy avergonzada porque tenía miedo de que se cayera la toalla."

Nino lacht. Anna muss im Nachhinein auch darüber lachen. Dennoch erinnert sie sich genau daran, wie unangenehm es ihr war. Dann beendet sie ihre Geschichte noch kurz:

„Por suerte, uno de mis compañeros de cuarto me prestó algo de ropa. En lugar de ir a la cama más o menos temprano, intentamos abrir la puerta durante casi una hora. Al final funcionó con un carné de estudiante o una tarjeta bancaria. No me acuerdo exactamente. Pero estaba tan feliz de volver a mi habitación."

Anna sieht Nino an:

„Ahora es tu turno. ¡Cuéntame una historia vergonzosa sobre ti!"

Er muss auch eine Weile überlegen. Dann beginnt er mit einer Geschichte vom Fitnessstudio.

„El invierno pasado, me inscribí en un gimnasio. Algunos amigos míos también iban allí para entrenar. Un día tuvimos una pequeña competición. En la última ronda de la competición algunas personas se reunieron a nuestro alrededor. Entonces sucedió: Gané porque podía levantar la mayor cantidad de peso. Pero también perdí porque me rompí los pantalones durante el último ejercicio. Tenía un gran agujero en el culo."

Anna lacht bei der Vorstellung kurz auf. Nino lacht mit ihr.

„No me importa contártelo ahora, pero la situación era muy embarazosa.",

gibt Nino zu.

Nach ein paar weiteren Geschichten biegt er in ein Waldstück ab und erklärt:

„Ya casi llegamos. Es mejor que te lleves tus gafas de sol. Probablemente estaremos sentados afuera en el jardín en un minuto. Siempre está muy soleado."

„Bien, suena bien. ¿Y el equipaje?"

„Podemos llevar eso a las habitaciones de huéspedes ahora mismo. Pero yo sugeriría que moviéramos la comida a la cocina primero. Estoy seguro de que mi madre querrá volver a ponerla en la nevera."

„Claro, eso tiene sentido. Está bien."

Es dauert nicht lange, bis ein hübsches, mediterranes Landhaus zwischen den Bäumen auftaucht. Es sind bereits einige Autos an der Seite geparkt. Deswegen nimmt Anna an, dass schon viele Gäste da sein mussten.

19

Als Nino aus dem Auto aussteigt, kommt seine Mutter aus dem Haus gestürmt. Sie wirft ihre Hände vor Freude in die Höhe, umarmt und küsst ihn zur Begrüßung auf die Wangen. Dann kommt Ninos Mutter auch mit ausgestreckten Armen auf Anna zu und begrüßt sie aufgeregt:

„¡Hola Anna, querida, te ves fantástica! ¡La falda te queda muy bien! ¡Es genial verte de nuevo! ¿Cómo estás?"

„Muy bien, muy bien, Ale.",

lächelt Anna vor lauter Komplimente und fragt höflich:

„¿Cómo estás? Tienes una gran fiesta planeada, ¿no?"

„Sí, estoy muy bien.",

betont sie, während sie Anna freudestrahlend ansieht.

„Varias personas ya han llegado. Pero todavía faltan algunas. He estado esperando la fiesta durante días. También es muy agradable que estés aquí."

„Sí, yo también estoy muy feliz.",

erwidert Anna.

„También te trajimos algo."

Anna beugt sich in das Auto, um einen Korb mit den vielen Lebensmitteln für die Tapas herauszuholen und ihn Alejandra zu geben.

„Aquí, mira, esto es para ti. Así que podemos comer deliciosas tapas más tarde."

Alejandra nimmt den Korb entgegen und bedankt sich:

„¡Oh, qué dulce, gracias! No deberíais haberlo hecho."

„Sí, sí.",

widerspricht ihr Anna höflich.

„Llevaré todo esto directamente a la cocina y lo mantendré bonito y fresco."

„Sí, por supuesto."

Anna nickt und wendet sich ihrem Gepäck zu. Nino und sie holen die paar Taschen aus dem Wagen und treten in das hübsche Landhaus ein.

Der Steinboden sorgt für eine angenehm kalte Temperatur im Haus. Anna läuft Nino den Flur entlang und die Treppe hinauf hinterher. Dann deutet er auf einen Raum am Flurende.

„Ahí está nuestra habitación. Tenemos dos camas separadas aquí. Al lado está el baño de invitados."

„Perfecto.",

sagt Anna etwas verhalten. Sie muss bei dem gemeinsamen Schlafzimmer dann doch wieder an Paul denken. Sie fühlt sich erneut, als wenn sie ihn betrügen würde. Gleichzeitig weiß sie natürlich auch, dass sie nichts getan hat, weshalb sie ein schlechtes Gewissen haben müsste. Somit beruhigt sie sich wieder und schnappt sich ihren Kulturbeutel, um sich im Bad kurz frisch zu machen.

Nino wartet netterweise auf sie, damit sie gemeinsam nach unten gehen können.

Im Garten erwartet sie ein Empfang mit vielen neuen Gesichtern. Anna kennt nur Nino, seine Mutter und seinen Vater Antonio. Dementsprechend laufen die beiden als erstes in die Arme von Antonio und begrüßen ihn.

„Hola Antonio.",

fängt Anna an.

„¿Cómo estás?"

„Vaya, hola Anna. Estoy muy bien, gracias. Nino ya me ha dicho que te va a traer. Es genial que hayas venido de visita. ¿Cómo estás tú? ¿Es España todavía como la recuerdas?"

„Yo también estoy bien, gracias. Sí, España sigue siendo tan hermosa como siempre. Y el clima también es mejor que en Alemania. Así que también es como en los viejos tiempos."

Antonio lacht herzlich und hustet kurz.

„Eso ya es algo. Alemania y España son diferentes. Por desgracia, no he estado en Alemania tan a menudo, pero he estado en Munich y Hamburgo unas cuantas veces en invierno. En Munich había nieve por todas partes y en Hamburgo había tanto viento que tuve que vigilar que mi esposa no se fuera volando."

Erneut lacht er. Danach dreht er sich um und zeigt Anna den Garten.

„Con el tiempo soleado de hoy, el jardín es perfecto para una fiesta. Tenemos la terraza grande aquí. Allí atrás tenemos una esquina donde podemos hacer una barbacoa más tarde. Y hay una piscina en la parte de atrás para esos días realmente calurosos."

„El jardín es muy grande. Lo has decorado maravillosamente.",

lobt Anna.

Antonio übernimmt wieder:

„Sí, tienes que decírselo a mi mujer. Ella es responsable de las flores y la belleza de este lugar. Solo soy el maestro detrás de la parrilla."

Anna lacht ihn an und nickt:

„Lo haré, lo haré."

Antonio nimmt Anna noch auf einen kleinen Spaziergang mit zum Gemüsebeet. Er als Gründer des Familienrestaurants am Strand ist natürlich auch ganz vernarrt in gutes Essen und erklärt Anna stolz einige Details über seinen Lieblingsort im Garten. Anna probiert einige Kräuter und kehrt wieder zurück zum lebendigen Geschehen auf der Terrasse.

Sie läuft zu Nino, welcher sie mit offenen Armen empfängt und in der Runde vorstellt.

„Esta es Anna. Es una amiga mía. Es de Alemania y resulta que está de visita en el cumpleaños de mamá."

Nino dreht sich zu Anna:

„Anna, estas son mis primas, Martha, Sandra y Julia."

Beinahe gleichzeitig begrüßen Ninos Cousinen Anna.

„Encantada.",

antwortet auch Anna. Sie wiederholt die Namen vor ihrem inneren Augen, muss aber zugeben:

„No estoy segura de poder recordar todos los nombres hoy."

Damit bringt sie die Runde zum Lachen.

„Nadie lo espera.",

erklärt Martha verständnisvoll.

„Habrá unos cuantos más. ¿Cuántos somos?",

fragt sie in die Runde.

Nino überlegt und meint:

„Bueno, mis primos Pablo, Luis, Álvaro y Nacho deben venir todavía. Además, por supuesto, algunos de nuestros tíos y tías que aún no están aquí."

Julia fragt Nino:

„¿Tus abuelos también vienen?"

„Sí, creo que sí. Hablé por teléfono con mi abuela ayer. Dijo que mi tía Claudia iba a recogerla y traerla a casa."

Nino dreht sich wieder zu Anna:

„Como ves, todavía hay algunas personas que faltan. Tenemos una gran familia."

Wieder lachen die Cousinen.

„¿Tú también tienes una gran familia, Anna?",

fragt Julia sie nun.

„Más o menos. Probablemente depende de la comparación. Mis padres tienen dos hermanos cada uno. Todos están casados y tienen hijos. Sin embargo, todos los hermanos de mi madre tienen más hijos que los de mi padre. Tengo que hacer un recuento rápido."

Anna entschuldigt sich für einen Moment, um ihre Cousins und Cousinen zu zählen.

„Sí, tengo 11 primos y primas en total."

Ninos Cousinen nicken alle einheitlich.

„Una de mis primas incluso tuvo su primer hijo. El nombre de su hijo es Lukas. Tiene un año y es dulce como el azúcar. Desafortunadamente, nunca conoció a nuestro abuelo, su bisabuelo. Mi abuelo murió poco antes del nacimiento del pequeño."

„Lo siento.",

sagt Martha leise.

„Todo está bien, mi abuela está a menudo y con gusto con Lukas. Ella ha encontrado su nuevo amor en él."

„¡Qué dulce!",

schwärmt Martha nun.

Anna nickt und überlässt den Cousinen das Erzählen. Sie fühlt sich wohl in der Runde und lernt durch sie im Laufe des Nachmittags den ein oder anderen Verwandten kennen, sodass sie sich am Abend bereits viel integrierter vorkommt.

20

Mit der lauter werdenden Musik und dem ein oder anderen Sekt steigt auch die allgemeine Motivation zu tanzen. So werden bei Sonnenuntergang die Lichterketten angestellt und die Kerzen angezündet.

Antonio startet den Grill und lädt bald darauf zum Abendessen ein. Es gibt ein großes Buffett mit Leckereien. Dabei fällt Anna auf, dass die Tapas von Nino und ihr noch fehlen. Daher läuft sie kurzerhand in die Küche, um sie noch vorzubereiten. Dabei rennt sie in die Arme von Ninos Mutter.

„¡Hola Ale! Acabo de notar que faltan las tapas. Iré a prepararlas rápidamente.“

„Espera, Anna. Déjame ayudarte. Eres mi invitada.“

„Vale.“

Anna gibt sich geschlagen.

Gemeinsam gehen sie in die Küche und holen die Zutaten aus dem Kühlschrank. Sie holen die leckeren grünen und schwarzen Oliven vom Markt und richten sie neben den Schinken- und Käsescheiben schön in kleinen Schälchen an. Dabei unterhalten sie sich gut und tauschen sich über die letzten Jahre aus. Während Anna das Brot schneidet und Alejandra die Dips ebenfalls in ein paar kleine Schälchen verteilt, stellt Ninos Mutter Anna dann eine Frage, bei der Anna aufhorchen muss:

„Y Anna, ¿qué tal todo? Eres tan bonita. Ya debes tener un novio, ¿verdad?"

Alejandra klingt in ihrem Ton einerseits auf eine freundliche Weise neugierig, doch irgendwie glaubt Anna andererseits eine gewisse Anspannung bzw. Nervosität in ihrer Stimme zu hören. Daher redet Anna nicht lange um den heißen Brei und erklärt direkt:

„Gracias, gracias. En realidad, he tenido un novio por un tiempo."

Obwohl Alejandra nichts Konkretes sagt oder macht, hat Anna das Gefühl, eine gewisse Enttäuschung in ihrer Reaktion zu sehen. Ninos Mutter geht erneut zum Kühlschrank, um die kaltgestellten Früchte zu holen und antwortet Anna, während sie ihr auf die Schulter klopft, in einer recht nüchternen Stimme:

„Me alegro mucho por ti, querida."

Anna ist verunsichert und wechselt daher lieber das Thema. Sie bildet eine Brücke und stellt ein paar Fragen darüber, wie sich Alejandra und ihr Ehemann Antonio kennen gelernt haben. In dem Zusammenhang wiederholt Alejandra auffällig häufig, dass es plötzlich einfach ein Gefühl war. Sie wusste, dass er der Richtige war. Das Gefühl konnte Anna auch in Alejandras Augen sehen. Ninos Mutter strahlt förmlich, wenn sie von Antonio, ihren Dates und ihrer Hochzeit sprach.

Die Tatsache, dass Alejandra und Antonio bereits so lange verheiratet waren und sich ihre Verbindung so stark war, beeindruckt Anna sehr.

Dennoch denkt Anna immer wieder an Alejandras emotionslose Reaktion, nachdem sie von Paul erzählt hat. Anna wird innerlich sogar ein wenig wütend. Denn, was hätte Alejandra erwarten können? Und überhaupt, fragt Anna sich, welche Hoffnung hatte Alejandra? Sie hatte doch nicht ernsthaft geglaubt, dass Anna springt, sobald sie wieder von ihrem Jugendflirt Nino hört. Annas Leben ist seit der Au-Pair-Zeit vor Ewigkeiten schließlich auch weitergegangen.

Um sich ihren Emotionen nicht zu sehr hinzugeben, konzentriert sie sich wieder auf das Anrichten der Tapas-Platte. Das Essen sieht einfach köstlich aus. In Deutschland hätte sie bei einem Geburtstag Chips und Süßigkeiten oder ein paar Brötchen mit Steak erwartet. Die bunte Tapas-Variation gefällt ihr also sehr gut.

Auch Alejandra scheint sich bei dem Anblick zu freuen:

„¡Todo se ve tan delicioso! ¿Llevarás el plato afuera al buffet? Me llevaré la cesta del pan y otro vino blanco."

„Sí, claro.",

stimmt ihr Anna zu. Sie nimmt die große Holzplatte in die Hand und trägt sie nach draußen. Alejandra lächelt und streichelt Anna als Zeichen ihrer Dankbarkeit für Annas Hilfe über den Rücken.

Nach dem Abstellen der Tapas gönnt sich Anna nun ihren ersten Teller vom Buffett und gesellt sich zu Alejandra an den langen Tisch. Alejandra bietet ihr direkt einen Stuhl an und sagt:

„¡Buen provecho, querida! ¡Eso se ve muy bien! ¿Quieres un poco de vino? Tenemos vino tinto y vino blanco. ¿Cuál prefieres?"

„Me encantaría una copa de vino blanco. Gracias.",

erwidert sie und wendet sich nun den anderen Frauen in der Runde zu:

„Hola, por cierto, soy Anna."

„Hola Anna.",

begrüßt sie eine andere Frau.

„Me llamo Cristina. Soy la madre de Martha y Julia. Creo que ya has conocido a mis hijas."

„Sí, eso es."

Dann übernimmt Alejandra nochmal, um Anna mehr zu erzählen und dabei zu helfen, die vielen Gesichter einzuordnen:

„Estas chicas son todas tías de Nino. Cristina es mi hermana. También tengo un hermano. Se llama Óliver y está en la barbacoa de mi marido. Claudia y María son las hermanas de Antonio."

„Hola.",

begrüßen Claudia und Maria Anna nun quasi gleichzeitig und heben ihr Glas. Sie lachen sich gegenseitig an. Dann erklärt Maria Anna:

„Es gracioso. Claudia y yo no solo somos hermanos y hermanas, somos gemelos. Nos pasa muy a menudo que pensamos o decimos lo mismo. Como ahora mismo. Por cierto, con mis hijos también sucede de vez en cuando. También son gemelos. No creo que los hayas visto todavía. Se llaman Pablo y Luis."

Anna lächelt und stößt mit ihrem Weißweinglas an.

Danach plaudern Ninos Tanten noch weiter von der Familie. Sie unterhalten sich über ein paar Kleinkindgeschichten ihrer Kinder und schließlich auch darüber, was sie heute machen.

Tatsächlich sitzt Anna eher neben den Frauen und hört höflich zu.

Nach einer Weile steht Nino neben ihrem Stuhl und holt Anna zu dem Stehtisch der Cousins und Cousinen.

„¡Siempre estos padres orgullosos!",

sagt er amüsiert und schüttelt seinen Kopf mit einem Blick auf den Tisch seiner Tanten und Onkel. An dem neuen Tisch fühlt sich Anna integrierter und erzählt auch einige Geschichten.

Während der Abend voranschreitet, wird die Feier immer fröhlicher. Einige tanzen im Schein der Lichterketten zur lauten Musik, andere stolpern schon vor lauter Alkohol auf den Rasen. Und irgendwann ist es dann Mitternacht. Cristina, die Schwester von Alejandra, trägt einen großen Kuchen mit einer 30 als Dekoration auf die Terrasse. In dem Kuchen stecken angezündete Kerzen. Alejandra dreht sich beeindruckt um und freut sich sichtlich. Es gibt Applaus und ein Geburtstagslied. Alejandra pustet die Kerzen aus und bedankt sich herzlich bei allen.

„¡Muchas gracias por el pastel y el gran cumpleaños! Es tan agradable teneros a todos aquí hoy. Aparentemente, todavía soy lo suficientemente joven para soplar las velas yo misma.“

Damit hat sie ein paar Lacher auf ihrer Seite.

„Sugiero que pongamos el pastel en la mesa del buffet también. Así todos podemos probarlo como postre."

Alejandra zeigt zum Buffettisch und wendet sich noch einmal allen Gästen zu:

„¡Gracias, gracias, gracias! ¡Disfrutad de la noche!"

Es gibt eine weitere Runde Applaus. Dann tritt Antonio aus der Masse hervor und bittet Alejandra um einen Tanz. Alejandra steht auf und fordert mit ihren Händen auch andere zum Tanzen auf. Antonio küsst sie zärtlich und führt sie über die Tanzfläche. Einige weitere Gäste gesellen sich dazu und tanzen. Andere stoßen ein weiteres Mal an oder bedienen sich bei dem Kuchen am Buffett.

Nino möchte ebenfalls tanzen und schnappt sich Annas Hand. Er zieht sie mit einem Lächeln auf die Tanzfläche. Anna hat das elegante Tanzen zwar nicht so im Blut wie die Spanier, aber sie hat das Gefühl, dass ihr der Alkohol hilft. Anna fühlt sich leichtfüßig und lässt sich führen. Dabei versucht sie, einfach nur Spaß zu haben. Sie drehen ein paar Runden. Sie grinst am laufenden Band. Währenddessen tritt Anna Nino ein paar Mal aus

Versehen auf die Füße. Auch ihre Knie berühren sich gelegentlich.

„Ay, eso duele.",

ruft Nino ihr scherzhaft zu. Anna sagt mit einem verlegenen Grinsen:

„Lo siento, lo siento."

Nino nickt entspannt und lacht auf, als ihre Knie sich im nächsten Moment wieder berühren. Auch Anna lacht - sogar so stark, dass sie schon ihre Bauchmuskeln spüren kann.

Nach dem Lied hören die beiden auf und wollen wieder zu Ninos Cousinen gehen. Auf dem Weg fängt Ninos Vater sie ab:

„¿Podrías por favor traer mi licor casero del refrigerador del garaje? Iré a la cocina y pondré los vasos en el patio trasero."

Beide nicken pflichtbewusst. Nino legt seinen Arm um Annas Schultern und marschiert mit ihr zusammen an dem großen Landhaus vorbei zur Garage.

Die Garage steht etwas abseits vom Haus und könnte im Grunde ein eigenes Haus sein. Es gibt genügend Platz für zwei Autos und ein süßes Dach. Dort ist die Musik nur noch leise zu hören und auch das Licht ist gedämpft.

Also können sie sich weniger lautstark unterhalten.

„Nunca habíamos bailado antes, qué curioso, ¿verdad?",

lässt Anna ihr Tanzerlebnis revue passieren.

„Sí, ¡me he divertido mucho!",

stimmt Nino ihr in einem amüsierten Ton zu.

Als sie bei der Garage ankommen, ergänzt Nino seine Aussage:

„Hace mucho tiempo que no me divertía tanto como contigo, Anna."

Anna gesteht:

„Sí, yo siento lo mismo. Me encanta reírme contigo."

Die beiden stehen vor der Tür zur Garage. Nino hat bereits den Schlüssel aus seiner Hosentasche gekramt, um die Tür aufzuschließen. Anstelle dessen wendet er sich Anna nochmal zu. Er lächelt sie an und senkt seine Hand mit dem Schlüssel wieder.

Nach einer kurzen Pause fasst er seine Gedanken leise zusammen und betont jedes einzelne Wort:

„Todo es igual que antes."

Anna hat das Gefühl, als würde die Zeit kurzzeitig stillstehen.

Sie steht Nino gegenüber. Er sieht ihr in ihre Augen. Sie ihm in seine. Sein rechter Mundwinkel bewegt sich leicht nach oben. Seine leichten Lachfalten um die Augen sind nun deutlicher erkennbar. Sie stehen ihm unheimlich gut, denkt sich Anna. Sein moderner Haarschnitt umrahmt sein markantes Gesicht perfekt. Ein paar seiner dunklen Strähnen fallen ihm bei der leichten Brise ins Gesicht. Sie betonen seine Natürlichkeit. Seine starke Brust bebt noch ein wenig vom Tanzen. Anna sieht wie sie sich hebt und senkt. Das nächtliche Licht lässt neben seinem trainierten Oberkörper auch seine vom vielen Kitesurfen geformten Arme erstrahlen. Er ist einfach unfassbar attraktiv, denkt sich Anna. Er ist leidenschaftlich, sportlich und hat den gleichen Humor wie Anna. Sie fühlt sich noch genauso zu ihm hingezogen wie früher. Er hatte recht.

Sie deutet mit einem leichten Nicken ihre Zustimmung an.

Nino registriert ihr Nicken und betrachtet auch Anna eingehend. Ihre rosa Lippen und ihr zartes Gesicht mit den langen dunkelblonden Haaren ziehen ihn in den Bann. Ihre auffällig blauen Augen fesseln seinen Blick.

Er wartet noch einen Moment, bevor er seine Hand zu ihrem Gesicht führt und sie von ihrer Wange zum Hals bewegt.

Anna spürt Ninos warme, raue Hand auf ihrer Haut. Es fühlt sich so gut an, denkt sie, und schließt ihre Augen für eine Sekunde.

Nino geht einen Schritt auf sie zu und legt seine zweite Hand auf ihren Rücken. Er kommt ihr näher und legt seine Lippen auf die ihren.

Auch Anna legt nun ihre Hände auf seinem Rücken ab.

Sie küssen sich zärtlich und eng umschlungen unter dem nächtlichen Mondschein.

Nino drückt Anna im nächsten Moment stürmischer gegen die Garagenwand und küsst sie leidenschaftlich. Anna drückt seinen Körper näher an ihren und fährt mit ihren Händen unersättlich an seinem Rücken hoch und runter. Anna genießt den Moment und die wohltuenden Küsse mit Nino. Die Gefühle sind überwältigend.

Nach einer Weile lösen sich die beiden wieder etwas voneinander. Nino nimmt Annas Gesicht in seine beiden Hände und offenbart seine Gefühle:

„¡Me gustas, Anna! ¡Igual que antes!"

Anna fühlt sich geehrt und würde gerne ein Kompliment zurückgeben. Sie kann es jedoch nicht, weil Nino sie bereits küsst.

Bald darauf holen sie, wie Antonio versprochen, den Likör aus der Garage. Auf dem Weg zurück zur Party küssen sie sich erneut einige Male wie zwei frisch Verliebte. Sie strahlen um die Wette und verteilen den Alkohol auf der Party. Alle sind guter Laune. Anna und Nino insbesondere. Sie tauschen immer wieder flirtende Blicke aus.

In der Nacht wird noch viel getanzt, getrunken und gelacht.

Nachdem sich die meisten der Gäste auf den Heimweg machen, gehen die Gastgeber und diejenigen, die die Nacht über in dem Landhaus verbringen, ins Bett. So auch Anna und Nino. Sie sind so erschöpft von dem Abend, dass sie direkt in ihre Betten fallen und tief schlafen.

21

Am nächsten Morgen öffnet Anna ihre Augen.

Ihr Kopf schmerzt. Deswegen greift sie schnell zur Wasserflasche auf ihrer Kommode und trinkt ein paar Schlücke. Danach lässt sie sich wieder in das Bett fallen und dreht sich auf die Seite.

Sie sieht Nino in dem Bett auf der anderen Seite des Raumes. Er liegt dort halb von einer leichten Decke bedeckt in der morgendlichen Sonne. Sie lässt den Vorabend revue passieren und bleibt mit ihren Gedanken bei ihrem Kuss hängen. Es kribbelt in ihrem Bauch.

Dann muss sie aber auch an Paul denken. Sie hat ein schlechtes Gewissen und lässt ihre beiden Hände auf ihr Gesicht klatschen. Was hatte sie bloß angestellt?!

Sie überlegt eine Weile und kommt zu dem Schluss, dass sie den Flirt mit Nino umgehend beenden musste. Schließlich war sie vergeben. Daher sucht sie am späten Vormittag das Gespräch mit Nino, nachdem beide aufgewacht und wieder etwas klarer waren.

„¡Eh, Nino!",

leitet sie ihr Anliegen ein:

„¿Tienes un momento?"

„Claro, siempre."

Nino steht frisch geduscht mit einer Wasserflasche im Raum und setzt sich zu ihr auf das Bett. Es duftet nach seinem gut riechenden Shampoo. Anna mochte den Geruch. Er war ihr vertraut.

„Mira, no quiero andar con rodeos. He estado pensando en lo que pasó entre nosotros en la fiesta. Sabes que estoy en una relación. Así que no puedo hacer eso más contigo. Me avergüenzo de haber engañado a mi novio. No puedo hacer eso y no quiero ser infiel. Espero que lo entiendas. Lo siento."

Anna sieht die ganze Zeit auf den Boden. Sie fühlt sich schlecht und schämt sich. Gleichzeitig möchte sie nicht in Ninos Augen sehen. Sie kann sich nur vorstellen, wie verletzend das zu hören sein musste. Sie nimmt aber aus dem Augenwinkel wahr, dass er ebenfalls recht still neben ihr saß und nach unten sah.

„Lo entiendo.",

erklärt er und macht eine kurze Pause.

„Bueno, en realidad, no lo entiendo. Tenía la sensación de que yo te atraía tanto como tú a mí."

Es ist still in dem großen Schlafzimmer.

Dann will Nino das Thema aber zu einem Ende bringen und sagt schließlich:

„Respeto tu decisión. Está bien. No quiero que te sientas mal."

Anna hört die Enttäuschung in Ninos Stimme. Daher wiederholt sie sich:

„Lo siento."

„Está bien.",

wiederholt sich auch Nino und steht auf.

Anna hört, dass er in das Bad geht, es eine Weile ruhig ist, die Toilette spült und Nino sich die Hände wäscht. Danach kommt er zurück in ihr gemeinsames Schlafzimmer und wechselt das Thema:

„¿Vas a bajar a desayunar?"

Er lächelt sie ermutigend an. Für sie ist das Thema noch nicht ganz vorbei, das merkt Nino. Daher macht er noch einen Schritt auf Anna zu und hebt ihr Kinn mit seinem Zeigefinger. Sie sieht ihm in die Augen. In dem Moment bekräftigt er seine Aussage:

„Está bien, no te preocupes por mí. Todo estará bien. Depende de ti lo que pase en tu vida. Mira el lado positivo: puedes decidir. Eso es un lujo."

Anna lächelt und fühlt sich falsch. Wie konnte Nino bloß so nett sein? In jedem Fall erleichtert sie seine Reaktion.

„¡Y ahora ven! Iremos a buscar algo delicioso para comer."

„Bien.",

sagt Anna überzeugt.

Die beiden laufen die hübschen Treppen mit dem überall wiederzufindenden Steinboden herunter und werden in dem großen Wohnzimmer bereits von ein paar von Ninos Verwandten erwartet. Seine Mutter sitzt in dem gemütlich aussehenden Ledersessel vor dem Ofen. Sein Vater liegt so wie Ninos Onkel auf dem Sofa. Nach Nino und Anna kommen noch ein paar weitere die Treppen herunterspaziert, um gemeinsam zu frühstücken.

Am Nachmittag kommt Aufbruchsstimmung auf. Die übrigen Autos, die in der Einfahrt zu dem wundervoll mediterranen Landhaus standen, verabschieden sich Stück für Stück. So packen auch Nino und Anna ihre Sachen und treten die Fahrt zurück zu Ninos Wohnung an.

Mit dem Tag ist auch Annas letzter Tag in ihrer Spanienauszeit angebrochen. Es fühlt sich komisch für sie an, Nino jetzt mit diesem Korb zurückzulassen. Schließlich mag sie ihn ja, aber sie ist eben auch mit Paul verlobt.

Den Abend verbringen Anna und Nino gemeinsam auf Ninos Balkon. Sie sehen sich den Sonnenuntergang an und trinken einen gekühlten Weißwein mit Früchten. In der Atmosphäre lassen die zwei Annas Zeit in Spanien revue passieren.

„¿Cómo han sido los últimos días para ti? ¿Te alegras de haber volado hasta aquí?",

fragt Nino sie.

„Sí, fue un tiempo encantador. Creo que los días me ayudaron mucho a ordenar mi vida. Estoy segura de que podré arreglarme con la independencia y la agencia de traducción, sin importar lo que digan mis padres o mi prometido.",

gibt Anna zu.

Nino will sie ermutigen:

„Yo también lo creo. Tienes todo lo que necesitas para eso. Eres inteligente y conoces el negocio. Otras personas que trabajan por cuenta propia sienten lo mismo. Solo tienes que confiar en ti misma y en tus sentimientos. Puedes hacerlo."

„¡Gracias!",

sagt Anna in einem höflichen Ton.

„Lo digo en serio. Yo estaba en esa situación.",

bekräftigt er seine Aussage von vorher:

„Aunque mis padres construyeron el restaurante, también tuve que tomar la decisión por mí mismo si quería continuar el restaurante. He aprendido por experiencia que todo es posible. Solo tienes que creer en ti mismo. Entonces funcionará. Y estoy convencido de que funcionará para ti también. Sí, lo sé. Puedes hacer esto."

„¡Gracias! Es muy amable de tu parte.",

wiederholt sich Anna lächelnd und bietet an:

„Puedo mantenerte al día por e-mail."

„¡Eso suena bien!",

erwidert Nino.

„Estaría muy feliz si pudiéramos continuar nuestro contacto. También puedo hablar contigo la próxima vez que vuele a Alemania. Puede que ni siquiera tarde tanto. Hemos planeado algunos menús emocionantes para la Navidad en el restaurante."

„Sí, por supuesto, avísame! Comeremos un sándwich de pescado en el Mar del Norte."

Anna stellt sich die Idee vor ihrem inneren Auge vor. Sie und Nino sitzen auf einer einsamen Bank am Fuße einer Düne mit Blick auf die stürmische Nordsee. Das hätte etwas, denkt sie sich. Das wäre sicherlich lustig. So wie sie sich und Nino einschätzt, würden sie sich wahrscheinlich ein Spiel ausdenken und mit nackten Füßen über den Strand zum kühlen Wasser rennen. So wie früher zur Au-Pair-Zeit oder wie in den vergangenen Tagen am gleichen Pool wie damals.

Nino scheint auch überzeugt zu sein:

„¡Estoy emocionado! ¡Hagámoslo! Tal vez podríamos ir a hacer kitesurf juntos allí algún día. ¿Qué piensas?"

Anna verzieht das Gesicht, weil sie an die Kälte und den Wind an der Nordsee im Winter denken muss.

„En invierno, la costa es muy fría y especialmente ventosa. Podríamos intentarlo mejor en verano. Entonces yo estaría de acuerdo.",

gibt Anna zu.

„¡Cobarde!",

neckt Nino sie. Beide lachen und stoßen noch einmal auf die Pläne an.

Auch die Stimmung zwischen ihnen ist wieder ausgelassener als am Morgen, als sie über die Kusssituation vom Vorabend gesprochen haben.

Das ermutigt Anna dazu sich noch einmal bei Nino für die Einladung nach Spanien zu bedanken. Sie steht auf und geht in ihr Gästezimmer, um eine Kleinigkeit zum Abschied zu holen. Als sie zurück auf den großen Balkon kommt, dreht Nino sich zu ihr um und grinst. Anna hält ein großes Strandhandtuch in der Hand, auf dem steht "Home is where water is".

„Mira, Nino. Vi esta toalla mientras compraba con Sofía en Valencia. Me hizo pensar en ti."

Anna überreicht das Handtuch und setzt sich wieder zu Nino, um ihre Gedanken zu dem Geschenk weiter auszuführen.

„Creo que el agua realmente siempre nos conecta. Me encanta. Te encanta. Por eso pensé que sería un regalo adecuado para ti. Quiero agradecerte de nuevo con todo mi corazón. Gracias por dejarme venir contigo espontáneamente. Gracias por la aventura del kitesurf. Gracias por las conversaciones divertidas. Gracias por... oh solo gracias por estos días, otra vez!"

Nino steht auf und kommt um den Tisch herum, um Anna in den Arm zu nehmen. Anna steht auf und kommt ihm entgegen. Die beiden stehen eng umarmt auf dem Balkon.

„Estaba muy feliz de tenerte aquí, Anna. Así que, gracias por venir. Siempre eres bienvenida aquí."

Er gibt ihr einen freundschaftlichen Kuss auf die Wange.

Die beiden setzen sich wieder und unterhalten sich weiterhin über die vergangenen Tage. So geht auch der letzte Abend für Anna in Spanien zu Ende.

Am nächsten Morgen stehen Anna und Nino früh auf, um zum Flughafen zu fahren. Glücklicherweise hat Anna an den Tagen vorher bereits alles gepackt, sodass sie entspannt losfahren und mit ausreichend Vorlaufzeit beim Flughafen ankommen.

Nach dem Check-In steht die finale Verabschiedung an. Es kommt Anna unwirklich vor. Für wie lange würde sie Nino nicht sehen? Vielleicht sehen sie sich noch einmal bei Ninos nächster Geschäftsreise nach Deutschland. Vielleicht aber auch nicht. Es war ungewiss, ob sie sich überhaupt wiedersehen würden. Vielleicht war es nun auch das letzte Mal, dass sie einander sehen würden.

Bei den Gedanken muss sie sich an die Verabschiedung am Ende des Au-Pair-Aufenthaltes erinnern.

Anna war in Eile, weil sie verschlafen hatte. Sie sprang schnell unter die Dusche und packte ihre letzten Sachen in ihren Koffer. Durch ihr Fenster sah sie, wie Nino draußen auf der gemeinsamen

Poolanlage der Nachbarn den Pool reinigte. Sie wollte sich unbedingt noch von ihm verabschieden. Als sie in das Erdgeschoss herunterlief, sah sie bereits, dass ihre Gastfamilie so gut wie abfahrbereit war. Nur die Kinder wurden noch angezogen. Diese paar Sekunden wollte Anna nutzen und rannte durch das Wohnzimmer in den Garten und durch die Gartenpforte zur Poolanlage. Nino sah sie an und lächelte erfreut.

Anna rief:

„Me voy ahora."

Nino lief zu ihr und hebte sie hoch, sodass Annas Beine um seine Hüfte geschlungen waren. Er küsste sie und lief mit ihr die paar Meter zu dem Gartentor zu Annas Familie. Anstatt in den Garten zu laufen, drückte er Anna an den Zaun und küsste sie erneut leidenschaftlich.

Dann sah er sie an und sagte mit trauriger Stimme:

„Te eché de menos."

Sie küssten einander erneut, bis Anna die Stimme ihrer Gastmutter hörte.

„Anna, salimos ahora. Vamos."

Anna löste sich von Nino und fuhr ihm mit ihrer Hand noch ein letztes Mal durch seine Haare.

„Ciao, Nino.",

sagte Anna langsam und lief zurück zu ihrer Gastfamilie.

Anna erinnert sich noch sehr genau an den Moment. Sie war verliebt gewesen. Die Zeit mit Nino war so schön, so lustig und so verrückt gewesen. Das hatte sie damals sehr genossen.

Zurück in der Gegenwart sieht Anna Nino wieder mit klarem Kopf an. Er ist noch genau der gleiche Typ, von dem sie sich damals verabschiedet hatte. In diesem Augenblick sieht Nino erneut etwas traurig aus. Deswegen macht Anna nun den ersten Schritt und umarmt ihn.

„Gracias de nuevo por todo. Fue muy agradable estar contigo.",

sagt sie und streichelt seinen Rücken.

„Yo también lo disfruté contigo. Me ha gustado mucho pasar estos últimos días contigo.",

er legt seine Hand zärtlich auf Annas Hinterkopf.

„Sabes lo importante que eres para mí."

Anna bekommt eine Gänsehaut und atmet seinen Geruch noch einmal tief ein, bevor sie seine warmen Arme verlässt. Sie steht vor ihm und sieht ihm erneut in seine wunderschönen dunklen Augen. Er sieht einfach unfassbar attraktiv aus, denkt sich Anna. So attraktiv. So perfekt. Obwohl sie sich zu Nino hingezogen fühlt, versucht sie etwas Distanz zu bewahren und erwidert:

„Yo también. Tienes un lugar importante en mi corazón, Nino."

Während sie das sagt, fühlt es sich betrügend, aber gleichzeitig auch so gut an. Sie mag Nino einfach. Als Menschen. Als Kumpel. Und eigentlich auch noch mehr.

Um ihre betrügerischen Gefühle zu verdrängen, redet sie sich ein, dass es nichts mehr als ein Kompliment ist. Sie betrügt Paul damit nicht. Also musste sie sich keine Sorgen machen, denkt sie.

Nino lächelt sie an.

Schließlich sagt er:

„¡Cuidate, Anna!"

Anna läuft ein paar Schritte rückwärts und verabschiedet sich unbewusst mit den gleichen Worten wie damals nach dem Au-Pair-Aufenthalt:

„Ciao, Nino."

Anna läuft durch den Flughafen und sucht das Gate, von dem sie abfliegen soll. Dort setzt sie sich auf eine Bank und sieht durch die großen Fenster in die Ferne.

Sie ist noch ganz benommen von den Gefühlen bei der Verabschiedung. Sie begehrte Nino so sehr. Am liebsten hätte sie kehrt gemacht und ihren Koffer noch einmal abgeholt, um noch eine Woche mit ihm zu verbringen, um mit ihm am Strand herumzualbern, abends in Valencia mit ihm auszugehen, weitere Weinabende auf seinem Balkon zu verbringen, zu lachen, über Gott und die Welt zu reden und ihn zu küssen. Am liebsten überall.

Ihre Vernunft reißt sie aus ihrem Tagtraum.

Sie hat ein Leben in Deutschland. Sie hat Paul. Sie hat die Wohnung mit ihm. Sie hat vor, ihr eigenes Übersetzungsbüro zu eröffnen. Sie muss sich noch überlegen, wie sie diese Entscheidung Paul und ihren Eltern mitteilen soll. Denn ihr ist bewusst, dass sie sich einen anderen Weg für Anna wünschen. Das wird schwierig, aber sie wird es schaffen. Sie weiß es. Sie hat sich vor allem in den letzten Tagen eingehend mit den Konsequenzen einer Selbstständigkeit beschäftigt. Also ist sie vorbereitet. Sie hat die Entscheidung für sich selbst getroffen. Sie ist erwachsen und braucht keine Babysitter. Sie kann das, sagt sie sich selbst wieder und wieder in ihrem Kopf.

Um ihre Gedanken zu strukturieren und als Vorbereitung auf die Gespräche zu nutzen, zückt sie ihr Notizbuch hervor. Sie formuliert ihre Argumente, die sie ihrer Familie und ihrem Verlobten entgegenbringen will.

Schließlich wollte Paul sie nach ihrer Landung abholen. Da würden sie sicherlich schon im Auto zu dem Thema sprechen. Und ihre Eltern würden auch nicht lange auf ein Zeichen von ihr warten. Also nutzt sie die Zeit am Flughafen.

Als sie ihr letztes Argument niedergeschrieben hat und ihr Notizbuch wieder einpacken will, bemerkt sie eine neue Nachricht auf ihrem Handy. Paul hat ihr geschrieben. Er schreibt, dass er sie leider nicht abholen könnte. Es kam scheinbar ein dringender Kundentermin herein, den er annehmen musste. Anna seufzt kurz vor sich hin, aber antwortet ihm direkt, damit er weiß, dass sie Bescheid weiß.

Dann meldet sie sich bei Marie. Sie ruft sie kurzerhand an.

"Hey Anna! Na, du Urlauberin! Wie geht´s?", Marie klingt froh, von Anna zu hören. Als Anna nicht sofort antwortet, fährt sie mit ein paar weiteren Sätzen fort: "Wann kommst du wieder? Ich vermisse dich so. Wir müssen uns unbedingt bald wiedersehen. Diese Woche ist so viel passiert. Ich muss es dir alles erzählen."

"Hey Marie! Mir geht es super. Spanien war der Hammer. Ich muss dir auch so viel erzählen."

"Oh, ich freue mich so! Ich bin schon gespannt!", unterbricht sie Anna aufgeregt.

"Du, Marie? Könntest du mich vielleicht nachher vom Flughafen abholen? Paul hat mir eben geschrieben, dass er leider keine Zeit hat."

"Ouh, ich?", Marie ist überrascht: "Uff, Moment, ich bin ja auch gerade bei der Arbeit. Ich checke mal eben meinen Kalender. Wann kommst du an?"

"Mein Flug soll um kurz nach vier landen. Wenn ich das Gepäck abgeholt habe, ist es sicherlich halb fünf. Meinst du, dass du es gegen fünf Uhr schaffen könntest?"

Marie nimmt sich ein paar Sekunden Zeit, bevor sie sich wieder meldet: "Hmm, ja, dann muss ich da etwas schieben. Das passt aber. Ich nehme mir die Zeit für dich. Dann sehen wir uns also um 17:00 in der Ankunftshalle beim Flughafen?"

"Ja, das wäre perfekt. Danke dir, Marie! Ich habe dich lieb!", Anna ist so froh. Auf Marie war einfach immer Verlass. Nicht umsonst war sie ihre beste Freundin.

"Ich dich auch. Guten Flug dir und bis später!"

22

So tritt Anna den Heimflug entspannter an. Der Flug läuft nach Plan, sodass Anna gegen vier Uhr in Deutschland landet und bald darauf Marie wieder in die Arme schließen kann. Es dauert nicht lange, bis sie im Auto sitzen und alle Details der letzten Tage besprechen.

Zuerst berichtet Marie von ihren Neuigkeiten. Sie hat die Zusage für einen neuen Job in Stockholm erhalten. Das ist genau die passende Abwechslung, die sie jetzt nach der Trennung von ihrem Ex-Freund gebrauchen kann. Das freut Anna enorm, obwohl sie es natürlich auch schade findet, dass sie sich dann nicht häufig sehen könnten.

"Ich werde dich auf jeden Fall besuchen! Das kann ich dir versprechen!",

versichert Anna.

"Ja, wir machen Stockholm zusammen unsicher!", freut sich Marie bereits.

"So, und jetzt erzähl mal von deinem Trip. Ich habe schon genug geredet. Wie war es?"

"Wo fange ich an?", lacht Anna. "Es war wundervoll. Ich habe Nino nach Ewigkeiten wieder gesehen. Eigentlich hat er sich überhaupt nicht verändert. Wir haben genauso herumgealbert wie früher. Ansonsten habe ich auch noch ein paar weitere Freunde von früher getroffen. Wir waren zusammen in Valencia aus. Das war lustig. Außerdem habe ich auch eine andere Freundin von Nino kennen gelernt. Sie heißt Sofia und hat sich ebenfalls selbstständig gemacht. Es war also sehr spannend mit ihr zu meiner Idee mit dem eigenen Übersetzungsbüro zu sprechen. Ich werde das übrigens machen. 100%. Ich habe mich entschieden."

"Wow! Das klingt toll, Anna! Weißt du schon, wie du es Paul sagst? Er war doch nicht so begeistert davon, oder?", fragt Marie interessiert.

"Ja, das stimmt. Das ist so eine Sache. Meine Eltern finden das auch nicht gut. Aber ich habe mich auf die Gespräche schon vorbereitet. Ich habe mir meine Argumente aufgeschrieben. Das schaffe ich also schon."

"Das klingt gut, Anna! Ich finde es wirklich beeindruckend, dass du das machst und dich nicht von der Kündigung unterkriegen lässt. Ich beneide deinen Mut schon fast. Ich bin aber auch überzeugt davon, dass du das packst. Du bist eine super Übersetzerin!"

Marie will noch mehr wissen und stellt Anna noch ein paar konkretere Fragen:

"Und jetzt erzähl mal, du hast diesen Nino also wieder gesehen. Wie war das? Habt ihr geflirtet? Hat er eine Freundin?"

Anna grinst.

"Es hat viel Spaß gemacht. Wir waren Kitesurfen und haben viel Zeit auf seiner Terrasse verbracht. Wir haben Wein getrunken, lecker gegessen und viel gesprochen."

Anna merkt, wie Marie ungeduldig wird: "Los, sag schon - ich will mehr wissen. Gib mir Details!"

"Also gut, es war eigentlich fast alles wie früher. Er war single. Er sieht immer noch unfassbar gut aus. Er ist lustig. Er ist abenteuerlich. Wir haben uns sehr gut verstanden. Er hat mich sogar zu dem Geburtstag seiner Mutter eingeladen."

Marie weitet ihre Augen gespannt und bringt ein kurzes, aufgeregtes "Uuh, das hört sich spannend an." über ihre Lippen.

"Ich habe immer wieder an früher denken müssen. Wir haben uns auch in den letzten Tagen so gut verstanden, wir sind uns so ähnlich und haben so viele gleiche Interessen, während wir zum Beispiel beim Kitesurfen auch als Team gut funktioniert haben."

Als Anna die paar Sätze ausspricht, muss sie an Maries Notizbuch denken. Marie hatte sich nach der Trennung von ihrem Ex-Freund Gedanken darüber gemacht, was für sie eine passende Beziehung ausmacht. Diese Überlegungen hat Marie in ihrem Notizbuch zusammengefasst und Anna vor einer Weile gezeigt. Genau daran erinnert sich Anna und fragt sich, ob Nino nicht vielleicht der Mann in Annas Leben sein sollte?

Wenn Anna mal ehrlich zu sich selbst war, hat Nino in Annas Körper alleine in den letzten paar Tagen in Spanien schon viele Gefühle ausgelöst. Sie hatte das Kribbeln im Bauch, die Gänsehaut, das unheimliche Verlangen ihm näher zu kommen. Im Grunde waren es die gleichen Gefühle wie früher.

Dann erinnert sie sich daran, welche Gefühle sie gespürt hatte, als sie Paul kennen gelernt hat. Es war auch ein warmes, wohliges Gefühl. Allerdings war es irgendwie anders. Sie hatte nicht so ein Kribbeln im Bauch, sobald sie ihn bei einem Date beispielsweise getroffen hat. Bei Nino bebte ihr gesamter Körper, wenn sie ihn irgendwo entdeckt.

Dann fällt es Anna wie Schuppen von den Augen: Sie war über beide Ohren in Nino verliebt. Früher so wie heute.

Doch was war mit Paul? Konnte sie ihn einfach so verlassen? Wollte sie das überhaupt? Während sie sich diese Frage stellte, schüttelte sie sich direkt, weil sie die Frage lächerlich fand. Ihr Leben stand vollkommen auf dem Kopf. Was macht sie jetzt? Sie eröffnet ihr eigenes Übersetzungsbüro und verlässt ihren Freund, um zu ihrer wahren Liebe nach Spanien zu ziehen, oder was?

Sie ist überfordert mit der Situation und wendet sich an ihre beste Freundin.

"Du, Marie, mir ist gerade etwas bewusst geworden. Und du musst mir helfen."

Marie macht ein etwas schockiertes Gesicht und erwartet, dass Anna ihr erklärt, was los ist.

"Ich glaube, ich bin in Nino verliebt.", sagt Anna.

Vokabelübersicht

Die Autorin beabsichtigt in den spanischsprachigen Dialogen des bilingualen Romans so viele Vokabeln wie möglich bis zum Sprachniveau A2 (inklusive) aufzunehmen. Für diesen Zweck orientiert sie sich an den Vokabellisten, die das Cervantes Institut den Niveaustufen A1 und A2 zuordnet (vgl. http://bit.ly/380zFMB).

Im Folgenden werden daher alle Vokabeln dargestellt, die auf Basis der genannten Niveaustufen in diesem Roman integriert wurden.

Für ein optimiertes Lernerlebnis ergänzt die Autorin grammatikalische Hinweise hinter den spanischsprachigen Vokabeln. Die Abkürzungen sind wie folgt zu verstehen:

Abkürzung	Bedeutung
m	Maskulines Nomen
f	Feminines Nomen
pl	Pluralform
adj	Adjektiv
v	Verb
adv	Adverb

Spanisch	Deutsch
a punto (adj)	pünktlich
abuela (f)	die Großmutter
abuelo (m)	der Großvater
abuelos (pl)	die Großeltern
adivinar (v)	raten
aeropuerto (m)	der Flughafen
agencia (f)	die Agentur
agradable (adj)	angenehm
agua (m)	das Wasser
alemán (adj)	Deutsch
amable (adj)	lieb
amiga (f)	die Freundin
amigo (m)	der Freund
andar (v)	gehen
animal (m)	das Tier
antiguo/a (adj)	sehr alt
aparcamiento (m)	der Parkplatz
apellido (m)	der Nachname
aprender (v)	lernen
armario (m)	der Schrank
arte (m)	die Kunst
ascensor (m)	der Aufzug
atractivo/a (adj)	attraktiv
avión (m)	das Flugzeug
azúcar (m)	der Zucker
azul (adj)	blau

bailar (v)	tanzen
bancaria (f)	die Bankkarte
banco (m)	die Bank
baño (m)	das Badezimmer
bar (m)	der Bar
barato/a (adj)	günstig
beber (v)	trinken
bebida (f)	das Getränk
biblioteca (f)	die Bibliothek
bien (adv)	gut
blanco/a (adj)	weiß
bocadillo (m)	das Butterbrot
bonito/a (adj)	schön
botella (f)	die Flasche
brazo (m)	der Arm
buscar (v)	suchen
caballo (m)	das Pferd
cabeza (f)	der Kopf
café (m)	der Kaffee, das Café
calle (f)	die Straße
calor (m)	die Hitze
cama (f)	das Bett
camarero/a (m/f)	der/die Kellner/in
cambiar (v)	wechseln
caminar (v)	laufen
camino (m)	der Weg
campo (m)	das Feld

269

cara (f)	das Gesicht
caro/a (adj)	teuer
carretera (f)	die Autobahn
casa (f)	das Haus
casado/a (adj)	verheiratet
casarse (v)	heiraten
castillo (m)	das Schloss
cena (f)	das Abendessen
cenar (v)	zu Abend essen
centro (m)	das Zentrum
certificado (m)	das Zertifikat
cerveza (f)	das Bier
chica (f)	das Mädchen
chico (m)	der Junge
chino/a (adj)	chinesisch
chocolate (m)	die Schokolade
cielo (m)	der Himmel
cine (m)	das Kino
cita (f)	der Termin, das Date
ciudad (f)	die Stadt
claro/a (adj)	klar, hell
clase (f)	die Klasse, der Unterricht
cliente (m)	der Kunde
coche (m)	das Auto
cocina (f)	die Küche
cocinar (v)	kochen
comer (v)	essen

comida (f)	das Essen
compartir (v)	teilen
comprar (v)	kaufen
concierto (m)	das Konzert
content/a (adj)	zufrieden
correo (electronico) (m)	(hier:) Mail
correr (v)	rennen
corto/a (adj)	kurz
costa (f)	die Küste
crecer (v)	aufwachsen
cuenta (f)	die Rechnung
curso (m)	der Kurs
dar un paseo (v)	spazieren gehen
dar (v)	geben
dejar (v)	(hinter)lassen
dependiente (adj)	abhängig
deporte (m)	der Sport
derecho (adj)	rechts
desayunar (v)	frühstücken
desempleo (m)	die Arbeitslosigkeit
diccionario (m)	das Wörterbuch
dinero (m)	das Geld
doler (v)	schmerzen
dormitorio (m)	das Schlafzimmer
ducharse (v)	duschen
edad (f)	das Alter
edificio (m)	das Gebäude

ejemplo (m)	das Beispiel
ejercicio (m)	die Aufgabe, Übung
empleado/a (adj)	angestellt
empresa (f)	das Unternehmen
encantar (v)	sehr gefallen
ensalada (f)	der Salat (als Gericht)
entrevista (f)	das Interview
escalera (f)	die Treppe
escribir (v)	schreiben
escuchar (v)	hören
escuela (f)	die Schule
español (adj)	Spanisch
esposa (f)	die Ehefrau
esquina (f)	die Ecke
estado (m)	der Status
estantería (f)	das Regal
estar (v)	sein, sich befinden
estar cansado/a (v)	müde sein
estudiante (m/f)	der/die Student/in
estudiar (v)	studieren
examen (m)	die Prüfung
extranjero (adj)	ausländisch
falda (f)	der Rock
familia (f)	die Familie
farmacia (f)	die Apotheke
fiesta (f)	die Feier
flor (m)	die Blume

foto(grafía) (f)	das Foto
frío (adj)	kalt
fruta (f)	die Frucht, das Obst
gafas de sol (pl)	die Sonnenbrille
ganar (v)	verdienen
garaje (m)	die Garage
gimnasio (m)	das Fitnessstudio
grande (adj)	groß
guapo/a (adj)	hübsch
gustar (v)	gefallen
habitación (f)	das Zimmer
hablar por teléfono (v)	telefonieren
hablar (v)	sprechen
hacer (v)	machen
hacer un dibujo (v)	eine Zeichnung machen
helado (m)	das Eis, die Eiscreme
hermana (f)	die Schwester
hermano (m)	der Bruder
hija (f)	die Tochter
hijo (m)	der Sohn
historia (f)	die Geschichte
hobby (m)	das Hobby
hombre (m)	der Mann
hotel (m)	das Hotel
idioma (m)	die Sprache
independiente (adj)	unabhängig
inglaterra (f)	England

instituto (m)	das Gymnasium, Institut
inteligente (adj)	intelligent
interesante (adj)	interessant
interior (m)	Innere
internacional (adj)	international
internet (m)	das Internet
invierno (m)	der Winter
invitación (f)	die Einladung
invitado (m)	der Gast
invitar (v)	einladen
ir de compras (v)	shoppen gehen
izquierda (adj)	links
jamón (m)	der Schinken
jardín (m)	der Garten
jefe (m)	der Chef
joven (adj)	jugendlich
juego (m)	das Spiel
jugar (v)	spielen
junto/a (adj)	gemeinsam
kilo (m)	das Kilo
largo/a (adj)	lang
lección (f)	die Lektion
lechuga (f)	der Salat(kopf)
leer (v)	lesen
letra (f)	der Buchstabe
levantarse (v)	aufstehen
libre (m)	die Freizeit

librería (f)	die Bücherei
libro (m)	das Buch
llamada (f)	der Anruf
llamarse (v)	heißen
llave (f)	der Schlüssel
llevar (v)	tragen, bringen
llover (v)	regnen
lugar (m)	der Ort
madre (f)	die Mutter
maleta (f)	der Koffer
malo/a (adj)	schlecht
mamá (f)	die Mutter
mano (f)	die Hand
manzana (f)	der Apfel
mapa (f)	die Karte
mar (m)	das Meer
marido (m)	der Ehemann
marron (adj)	braun
medicina (f)	die Medizin
mensaje (m)	die Nachricht
menú (m)	das Menü
mesa (f)	der Tisch
mirar (v)	sehen
montaña (f)	der Berg
morir (v)	sterben
mucho (adv)	viele
mujer (f)	die Frau

mundo (m)	die Welt
museo (m)	das Museum
música (f)	die Musik
nacer (v)	geboren werden
nadar (v)	schwimmen
naranja (f)	die Orange
naturaleza (f)	die Natur
navidad (f)	die Weihnachten
negocio (m)	das Geschäft
negro/a (adj)	schwarz
nervioso/a (adj)	nervös
nevera (f)	der Kühlschrank
nieve (m)	der Schnee
niño/a (m/f)	das Kind
nombre (m)	der Name
nota (f)	der Hinweis
notar (v)	bemerken
novia (f)	die (feste) Freundin
novio (m)	der (feste) Freund
nuevo/a (adj)	Neu
odiar (v)	hassen
oír (v)	hören
ojo (m)	das Auge
padre (m)	der Vater
padres (pl)	die Eltern
pagar (v)	bezahlen
página (f)	die Seite

país (m)	das Land
pan (m)	das Brot
pantalones (pl)	die Hose
papel (m)	das Papier
parque (m)	der Park
pasillo (m)	der Flur
pasta (f)	die Nudeln
paz (f)	der Friede
pedir (v)	bitten/bestellen
película (f)	der Film
pequeño/a (adj)	klein
perro (m)	der Hund
pescado (m)	der Fisch
peso (m)	das Gewicht
piscina (f)	das Schwimmbad
piso (m)	die Wohnung
plato (m)	das Gericht, der Teller
playa (f)	der Strand
plaza (f)	der Platz
poco/a (adv)	wenig(e)
policía (f)	die Polizei
poner (v)	stellen, liegen, setzen
postre (m)	der Nachtisch
practicar (v)	üben
pregunta (f)	die Frage
preparar (v)	vorbereiten
presentarse (v)	sich vorstellen

prima (f)	die Cousine
primo (m)	der Cousin
probar (v)	testen
profesional (adj)	beruflich
profesor/a (m/f)	der/die Professor/in
publicidad (f)	die Werbung
pueblo (m)	das Dorf
puerta (f)	die Tür
punto (m)	der Punkt
quedar (v)	bleiben
queso (m)	der Käse
radio (f)	das Radio
receta (f)	das Rezept
recibir (v)	erhalten, bekommen
regalo (m)	das Geschenk
región (f)	die Region
responder (v)	antworten
restaurante (m)	das Restaurant
reunirse (v)	sich treffen
rico/a (adj)	reich, köstlich
río (m)	der Fluss
ropa (f)	die Kleidung
rosa (adj)	rosa
saber (v)	wissen
salsa (f)	die Soße
seguridad (f)	die Sicherheit
seguro/a (adj)	sicher

sendero (m)	der Wanderweg
señor/a (m/f)	der Herr, die Dame
sentirse (v)	sich fühlen
separado/a (adj)	getrennt
separarse (v)	trennen
ser (v)	sein
serio/a (adj)	ernsthaft
sexual (adj)	sexuell
silla (f)	der Stuhl
sobre (prep)	über
sofá (m)	das Sofa
sol (m)	die Sonne
soltero/a (adj)	single/ledig
subir (v)	aufsteigen
sueño (m)	der Traum
supermercado (m)	der Supermarkt
sur (m)	der Süden
tapas (pl)	die Tapas
teléfono (m)	das Telefon
televisión (f)	der Fernseher
tener (v)	haben
tener que (v)	müssen
tener miedo (v)	Angst haben
tener sed (v)	Durst haben
tener hambre (v)	Hunger haben
terraza (f)	die Terrasse
tía (f)	die Tante

tiempo (m)	die Zeit, das Wetter
tienda (f)	der Laden, das Geschäft, das Zelt
tío (m)	der Onkel
toalla (f)	das Handtuch
tocar (v)	spielen (Musikinstrument)
tomar (v)	nehmen, trinken
tomate (m)	die Tomate
trabajador/a (adj)	fleißig
trabajar (v)	arbeiten
trabajo (m)	die Arbeit, der Job
traer (v)	bringen
traje (m)	das Outfit, der Anzug/ das Kostüm
tranquilo/a (adj)	ruhig
tren (m)	der Zug
turista (m)	der/die Tourist/in
universidad (f)	die Universität
vacación (f)	der Urlaub
vaso (m)	das Glas
vecino/a (m/f)	der/die Nachbar/in
vendedor/a (m/f)	der/die Verkäufer/in
ventana (f)	das Fenster
ver (v)	sehen
verano (m)	der Sommer
verde (adj)	grün
verdura (f)	das Gemüse

viajar (v)	reisen
viaje (m)	die Reise
viejo/a (adj)	alt
viento (m)	der Wind
vino (m)	der Wein
vino blanco (m)	der Weißwein
vino tinto (m)	der Rotwein
visitar (v)	besuchen
vivir (v)	leben

Diese Aufzählung erhebt trotz höchster Sorgfalt im Rahmen der Erstellung keinen Anspruch auf Vollständigkeit. Sie dient lediglich als zusätzliche Information und Hilfestellung.

Bilingual Novels

Die Autorin hat eingangs bereits von der Idee hinter der Website www.bilingual-novels.com geschrieben.

Die Seite wurde ins Leben gerufen, weil die Kontaktbeschränkungen in der Corona-Pandemie 2020 die Gründerin veranlasst haben, kreativ zu werden. Sie hatte Lust auf das Reisen und das „unter (internationale) Leute kommen". Eine Möglichkeit war es für sie, ihrer Fantasie freien Lauf zu lassen und sich grenzüberschreitende Geschichten auszudenken. Dabei war es ihr Ziel, ihre Liebe für Sprachen zu integrieren und den mehrsprachigen Aspekt intuitiv und realitätsnah – wie auf Reisen – umzusetzen.

So ist die Idee entstanden, bilinguale Romane zu schreiben und genau daraus ist dieses Buch hervorgegangen.

Weil das Projekt noch recht jung ist, freuen wir uns umso mehr über dein Feedback auf der Website.

Solltest auch du Lust verspüren, auf Basis des beschriebenen Konzeptes zu schreiben, kannst du dich gerne mit deinen Ideen bei uns melden und somit beim Weiterentwickeln des Sprachenlernens mitwirken.